中国质量协会
CHINA ASSOCIATION
FOR QUALITY

U1014328

满意中国

——用户视角下的质量与品牌

SATISFIED CHINA

中国质量协会 编著

2019

中国社会出版社
国家一级出版社 · 全国百佳图书出版单位

编委会

前言

QIANYAN

变 革

技术催生创新，政策引领转变

当今世界正面临百年未有之大变局。未来10年，将是世界经济新旧动能转换的关键10年。人工智能、大数据、量子信息、生物技术等新一轮科技革命和产业变革正在积聚力量，催生大量新产业、新业态、新模式，给全球发展和人类生产生活带来翻天覆地的变化。

——2018年7月习近平出席金砖国家工商论坛发表的《顺应时代潮流实现共同发展》的重要讲话

马克思主义基本原理指出，“每一次科学技术革命，都不同程度地引起生产方式、生活方式和思维方式的深刻变化和社会的巨大进步。”当前，中国的经济增长模式已经从出口、投资拉动型转向消费拉动型，面对补齐消费发展短板、满足人民美好生活需要、优化供给、促进形成强大国内市场等问题，2019年以来，一系列促消费政策相继出台，不断激活消费市场，为高质量发展夯实基础。

质 量

既是政治任务，也是消费需求

我国经济已由高速增长阶段转向高质量发展阶段，正处在转变发展方式、优化经济结构、转换增长动力的攻关期，建设现代化经济体系是跨越关口的迫切要求和我国发展的战略目标。

——摘自党的十九大报告

高质量发展是应对科技革命与经济增长压力的有效途径，也是对我国当前社会主要矛盾变化的有效回应，高质量发展是更充分更均衡的发展，并在更高水平上实现供给和需求的动态平衡。

以高质量供给催生创造新的市场需求，满足人民对美好生活的需要，适应消费升级的大趋势，加速培育消费型社会，引导消费向服务化、品质化和多样化发展，适应功能型需求向体验型、享受型需求转变，创造消费新增长点。

消 费

新趋势、新需求、新体验

消费是最终需求，既是生产的最终目的和动力，也是人民对美好生活需要的直接体现。

——摘自《中共中央 国务院关于完善促进消费体制机制 进一步激发居民消费潜力的若干意见》（中发〔2018〕32号）

消费升级是消费市场的新趋势，消费升级既指消费对于经济拉动作用的提升，也指消费结构、消费能力和消费水平的升级，同时也是消费者观念与行为的升级。

消费升级过程中，各产业需求侧产生的新需求，促使供给侧的各节点通过跨界融合、要素优化、流程再造、模式重塑等结构性改革，形成新的产业生态系统，以此推动新一轮的发展，并满足消费者的新需求。

消费者个性化、多样化、品质化的新需求背后，正是以新业态、新供给为核心的新体验，补齐消费体验中的短板，通过增加中高端供给，满足消费升级需求，推动整个经济形成良性循环。

宏观环境

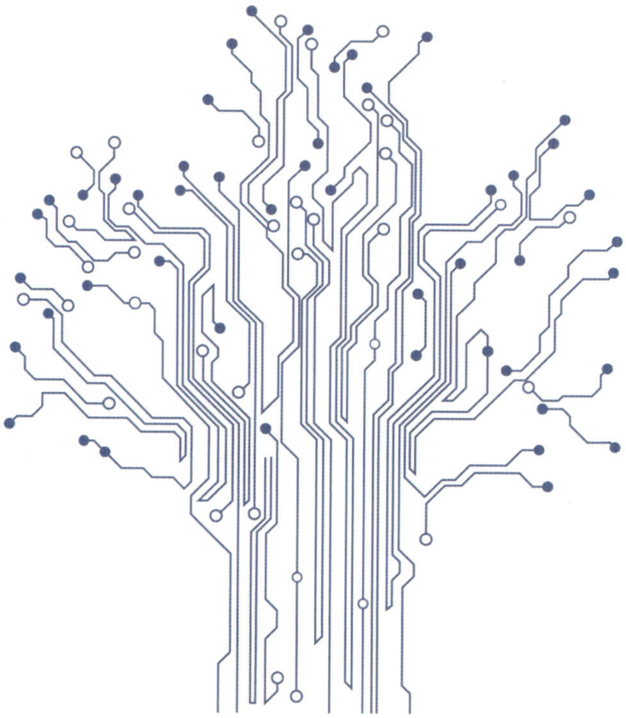

根深叶茂，日新月异

经济、政策、技术使高质量发展成为必然

居民收支与消费者信心持续攀升，为消费升级提供有利的主客观条件。我国经济发展处于健康稳定态势，国民收入持续较快增长为消费增添强大动力，居民消费支出/收入比稳定在70%左右；消费者信心强劲，催生了与日俱增的消费活力，吸引各行各业拓展商机，创造出更加丰富、多元的消费选择，迎合美好生活社会趋势。

居民可支配收入与支出稳健增长，消费者购买力增强

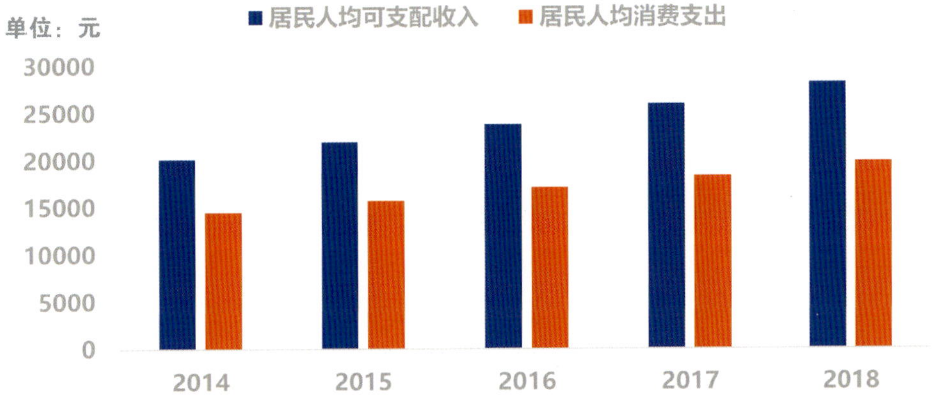

数据来源：国家统计局。

中国消费者信心指数不断攀升，消费信心强劲

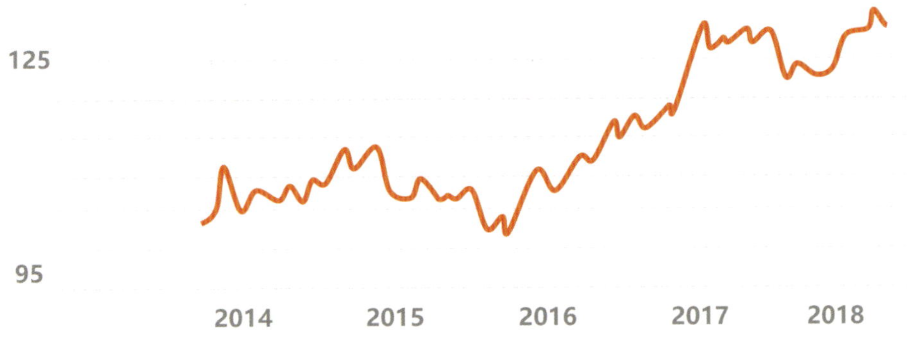

数据来源：Trading Economics.com.

消费利好政策密集出台，助力构建良好政策环境

消费生产循环更加顺畅

《中共中央　国务院关于完善促进消费体制机制进一步激发居民消费潜力的若干意见》（中发〔2018〕32号）

消费结构明显优化

《完善促进消费体制机制实施方案（2018—2020年）》（国办发〔2018〕93号）

消费环境更加安全放心

《进一步优化供给推动消费平稳增长　促进形成强大国内市场的实施方案（2019年）》（发改综合〔2019〕181号）

消费潜力进一步激发

《国务院办公厅关于加快发展流通　促进商业消费的意见》（国办发〔2019〕42号）

科技创新在更多场景加速落地，为消费生产链条提质增效

生产研发

个性化定制

手工制作DIY

与设计师一起参与原创设计

流通渠道

线下体验，线上购买

线上下单，线下提货

门店下单，物流配送

消费购买

短视频营销

众测APP看口碑

种草社区求推荐

目录

CONTENTS

01

消费体验

锐意进取，勇立潮头

消费升级体现在从物质到结构再到人的心理的渗透和深入；同时，消费者理性思维的加强，需要供给侧的体验一起理性起来，不能盲目做体验的创新；数字是这个时代的特征，满意中国就是用数字把品牌、人和市场连接起来。

升级

理性

数字

质量消费体验：因应变而升级

2019 年，中国质量协会满意中国研究继续进行。作为研究的核心，质量消费体验在学习中成长，因应变而升级，将质量、消费、体验与事前心理、事中行为、事后评价两大平面进行融合，用体验式的研究洞察体验，以消费者的视角评价消费，用高质量的态度研究质量。我们相信，在当前变化莫测的竞争环境中，唯有不忘质量与用户的初心，企业和品牌才能拥有锐意进取的动力和勇立潮头的潜力。

伴随消费者对产品服务需求的不断升级以及供给侧改革的不断深化，消费者对产品服务质量的满意程度尚可，中国顾客满意度指数（CNCSI）总体得分为 81.3；而质量消费体验指数（QCEI）为 44.3，表明近年来在国家及企业的不断努力下，产品服务质量发展有较大改善，产品服务整体质量消费体验也得到了消费者一定程度的认可。

质量消费体验指数
QCEI
44.3

中国顾客满意度指数
CNCSI
81.3

质量、消费和体验

随着经济快速发展和新技术迭代，用户的内在需求在发生转变，整个消费环境和行业外部发展也在不断创新，未来用户体验将在内外部的共同驱动下实现全面提升。

新时代的消费者社交范围更为广阔，乐于在社交平台上分享生活中的点点滴滴，必然包括对消费过程的一些感知评价。消费者对产品和服务的要求已不仅仅关注基本功能和性价比，对商家提出了更深层次的需求，期望自己的需求和消费习惯主动被商家捕捉到，以期得到符合心灵需求的高层次消费体验。用户需求的转变促使更多的生产企业转变视角，将"以用户为中心"置于企业发展的首位，并不断改善用户体验。

经济飞速发展的背后，是伴随着对宏观经济环境的不确定性的隐忧。中国消费者面临一个前景不明朗的局面：他们担心生活水平提高的速度趋缓，物价不断上涨，就业机会减少和收入下降。2019 年将是一个颠覆性的时代转折点，中美贸易关系的紧张将不确定性进一步升级，一切变化都难以预测。在这种大背景下，唯有继续保持质量水平和重视用户体验，可以作为企业把握未来的重要抓手。

研究发现，卓越的用户体验有助于提升用户满意和忠诚。如果用户在消费过程中感受到了符合预期甚至是超过预期的体验，生产企业就达成了将这部分用户转变为忠诚用户的基础工作。这部分用户在享受愉悦消费体验过程的同时，对价格敏感度逐渐变低，也更乐于将自己的消费过程传播给其他人。长远来看，通过消费体验的提升可以降低企业保留用户的成本、吸引更多的潜在用户以达到提高销售的目标。

质量、消费与体验这三个词汇在当今社会发展中均占有着举足轻重的地位，质量是社会可持续发展的坚实基石，消费是拉动经济增长的关键引擎，体验是推动人类文明产生和进步的重要力量。质量消费体验从字面上解读来说，可能会被理解为质量、消费与体验内容的交会与意义的叠加，其实不然，质量消费体验是对质量、消费与体验的全新阐释与解读。

质量消费体验（Quality Customer Experience），是一个覆盖到产品/服务质量、消费过程、用户体验各方面多维度的综合感受，将供给侧的质量与需求侧的消费统一在体验这一进程当中。感受具有主观、复杂、非量化的特性，我们需要通过一种客观的指数来将其量化，衡量这种感受，质量消费体验指数（Quality Customer Experience Index，QCEI）应运而生，QCEI 是一个将质量特性、消费过程、用户体验进行量化的综合评价指数。

QCEI 指数构成

从宏观层面来看，质量消费体验的研究对象主体是体验，同时又附加了高质量发展和新消费时代的特性，以此来准确还原当前消费过程中的新特点。从微观层面来看，企业需要提供创新的产品和服务，同时提供用户体验，让用户既信任又忠诚。用户体验的好与坏都会落脚在对购买或使用的产品和服务质量的感知层面上，故而影响用户消费体验的因素贯穿于整个消费生命周期的各个环节。

对于整个消费过程，通过对消费心理和消费行为的研究，选择消费者状态发生转变的关键性节点：

第一个转变：不了解一个品牌到主动认知并获取相关信息；

第二个转变：没有接触点到开始购买或者使用相关产品或服务；

第三个转变：整体感知逐渐接近预期到形成满意的态度；

第四个转变：功能质量符合预期到带来惊喜并形成一定的情感倾向性；

第五个转变：情感上的倾向性到行动上的倾向性，即经常或重复购买；

第六个转变：个体行动到社交行动，分享体验并推荐他人购买。

上述六个转变确立为六个研究维度，同时，考虑高质量发展对于创新、便捷、效率、服务等方面的要求，将通过消费者对新鲜、先进、方便、高效、人性等关键词的感知使得六维度的解读更加立体深入，分析角度也更加科学。正是基于此，质量消费体验指数将整个感受过程进行了六个节点量化，即了解一个品牌、购买一个品牌、满意一个品牌、喜欢一个品牌、再选一个品牌和推荐一个品牌，我们以指数化去定义上述六个关键节点，形成认知度、渗透率、满意率、美誉度、忠诚率、推荐度六个指标，以此体现质量消费体验的定量评价部分。这里既包括基于用户满意理论的事后评价节点（满意率、美誉度、推荐度），也有基于用户消费体验的消费行为节点（认知度、渗透率、忠诚率）。

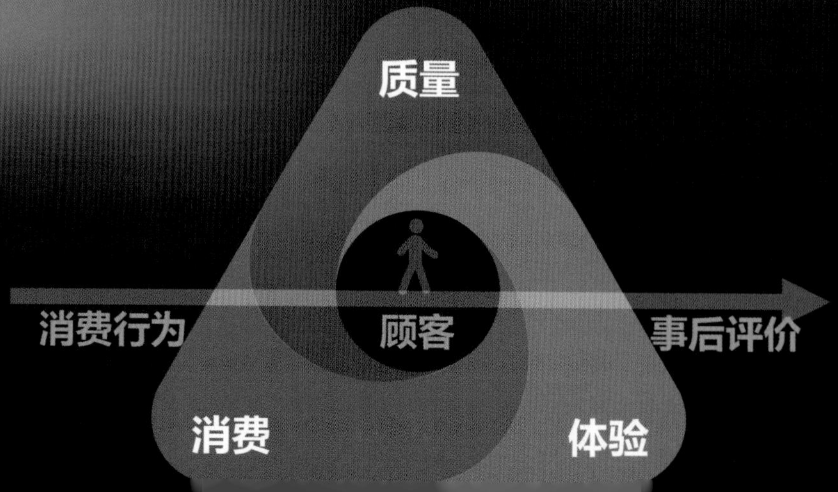

QCEI 指数运作

研究质量消费体验体系，不仅要识别对质量消费体验起重要作用的关键要素，还需确定要素之间的相互关系以及这些要素对质量消费体验的作用。随着消费体验的不断加深，用户对产品和服务质量的认知与感受也更加深入，因此本研究运用过程方法思想，将质量消费体验作为一个循环过程，产品和服务质量与用户的消费体验作为关键节点。

不妨以产品和服务质量为出发点，用户在消费伊始从其自身的经验和与品牌的接触中获取信息，对其所消费的产品和服务建立了初步整体认知；当产品和服务特性与用户需求相匹配时，用户将由认知阶段渗透到购买阶段，这是用户与产品和服务产生接触的开端；随着体验逐步深化，用户会将产品和服务的实际质量与预期质量相比较，从而形成用户满意与否的态度，这时循环路径到达用户消费体验节点；进一步地，当用户对产品和服务的满意程度不断增强时，用户将对其产生喜爱与赞美的态度；喜爱的态度将影响用户的消费心理和行为，促使其产生重复购买的行为，甚至成为一种消费习惯；用户在重复购买产品和服务的同时，会积极向身边的亲朋好友推荐，形成口碑效应。

将隐藏在这一系列消费行为下的用户体验与需求予以汇总和整合，最终反馈至产品和服务质量节点，从而促进产品和服务质量的持续改进，形成完整的闭环结构。

QCEI 指数升级

结合上年调研经验，本年度质量消费体验指数继续采用认知、渗透、满意、忠诚、美誉和推荐六大维度，紧贴消费全流程触点。

根据 KANO 原理，将满意率分为总体满意、期望满意和理想满意三个方面；忠诚率方面，快消和服务行业通过常用率测量，耐消行业通过再购率测量。

为更为科学获取质量消费体验指数，重新整理影响消费者消费体验的主要因子，并在考量过往指标权重基础上，结合统计局消费支出数据及不同行业类型对指标重新进行赋权。

质量消费体验路径首尾亟待升级

从质量消费体验的6个维度来看，各品牌的平均认知度仅30.4%，即仅有三成消费者听说过这些品牌，这表明目前各类产品服务的品牌发展不理想。品牌认知是用户接触品牌的第一步，因此至关重要，品牌宣传有待加强。而在听说的品牌中，品牌的渗透率为52.0%，即超过半数的消费者使用过自己听说过的品牌，这在一定程度上表明用户在选择产品或服务时，有了更强的购买欲和购买力。用户对使用的品牌的满意率为32.2%，整体评价不高，品牌质量与理想的品牌尚有一定差距。用户对品牌的美誉度为64.6%，表现出对品牌“爱之深，责之切”的矛盾性。此外，用户对于品牌的黏性及推荐欲望不强，忠诚率及推荐度均在三成，为38.4%及30.2%，如何提升品牌价值，增加品牌黏性，需要企业进一步努力。

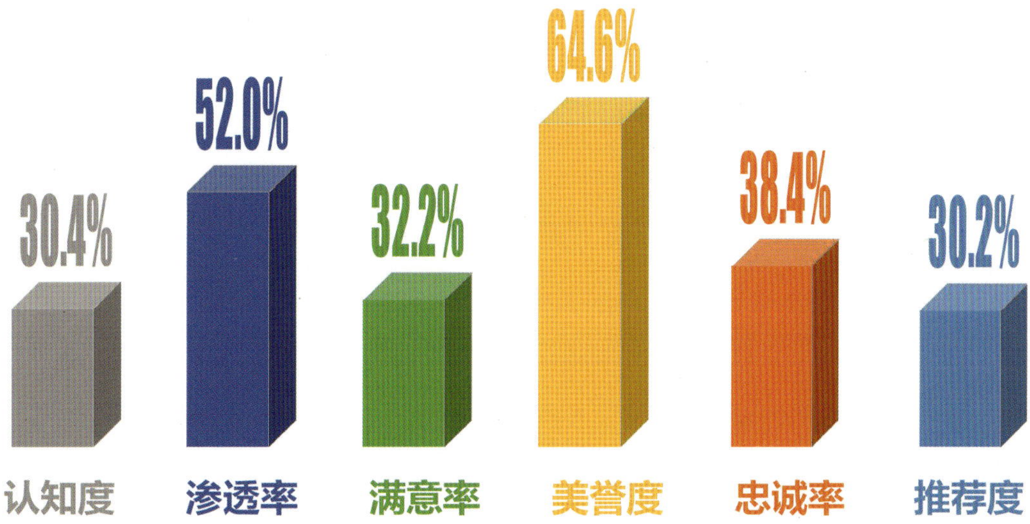

“数”说需求升级

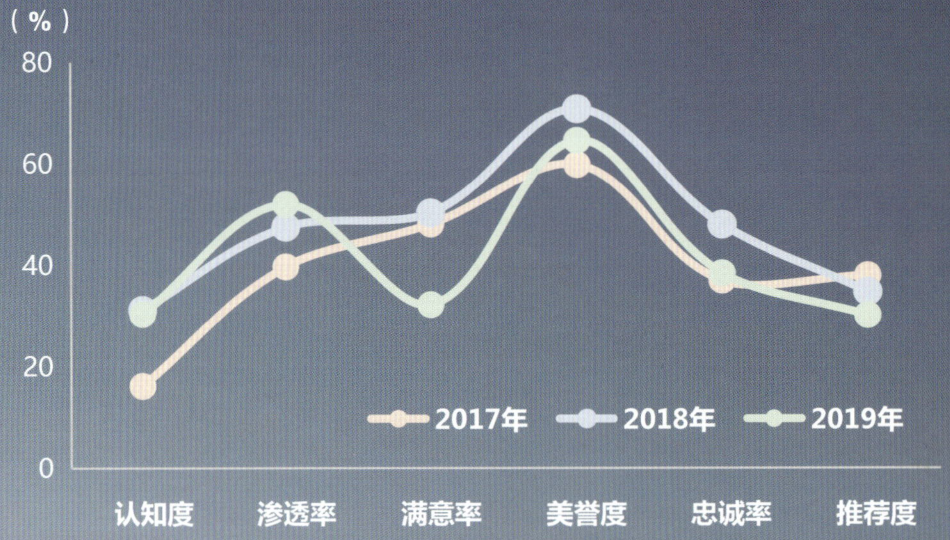

随着供给侧改革的不断深化，促进了消费结构优化与升级，产生了多种的具有不同消费价值的产品与服务，优化了市场选择面，拉动了消费能力的持续增长。近三年的研究数据显示，渗透率指标呈现逐年上升的趋势，能够切实进入到消费者的生活当中更多的是耳熟能详的品牌，选择范围也愈加聚焦。与前两年网红产品与爆款的感性消费不同，2019 年消费理性逐渐回归，人们更加推崇货真价实的产品与服务，不是所有的网红产品与爆款都值得推荐，更多的是用行为而非语言去诠释品牌，2017 年至 2019 年用户推荐度持续走低，消费者对于向亲朋好友推荐的谨慎性不断增强。

调查数据显示，消费市场对于满足消费者消费体验的需求还存在一定距离。2019 年质量消费体验分数为 44.3（百分制），同比下降 7.0 个百分点。同时，数据结果显示当前我国供给的有效性难以满足消费市场需求的升级需要。在消费者进行产品或服务体验后，产生的满意程度相对较低。2017 年，由渗透转化为满意的转化率为 8.4，2018 年比率下降至 2.8，2019 年度该比率下降至 −19.7。渗透到满意的转化率意味消费者对于产品的体验感满足其需求程度的评价。该比率越高，意味着消费者对于产品满足体验的程度越高；反之，意味着产品或服务难以满足消费者的体验感受。

洞察观点：以人为本的消费升级

消费升级回归本源，就是人民对美好生活的需要，而人民对美好生活的感知基于质量归于满意。我们在不断强调、推动、优化消费升级的同时，需要明确质量的内在基础性作用和满意的外在引领性作用。

满意中国通过消费的视角持续洞察：评价供给体系的质量提升，切实满足基础性消费并持续提升传统消费；洞察消费需求的满意升级，大力培育新兴消费并不断激发潜在消费。

升级特点：“供给”与“需求”共变

高质量发展的最终落脚点是供给侧与需求侧的提质升级，实施高质量发展政策要求进行供给侧结构性改革，要求需求侧的提档升级。供给与需求是“共生体”，是市场的基本矛盾体，两者是相互制约、相互促进的动态关系。供给与需求彼此适应，经济才能进入一种健康的运行轨道。目前，为满足消费市场需求的升级，我国正在实施新一轮供给侧结构性改革。消费升级是消费市场的新趋势，消费升级既指消费对于经济拉动作用的提升，也指消费能力和消费水平的升级。数据显示，2018 年最终消费对 GDP 增长的贡献率达到 76.2%，比上年提高 18.6 个百分点，远高于资本形成的 32.4% 的水平，消费转变为促进经济发展的第一位要素；消费者能力与水平方面，2016 年我国非现金支付中，通过银行卡进行消费的业务共 383.29 亿笔，金额为 56.50 万亿元；2017 年，消费业务共 586.27 亿笔，金额为 68.67 万亿元；2018 年，通过银行卡进行消费业务共 983.36 亿笔，消费金额高达 92.76 万亿元。

无论是即时消费水平还是超前消费水平均体现出我国目前消费升级的趋势，消费升级的本质是消费需求的升级。消费需求的升级符合经济社会发展进步的要求，是现阶段我国社会主要矛盾的直接表现。消费需求的升级，意味着需求层次的提升。在国家经济高速发展带来的红利下，生理和安全的需求得到有效的满足；在基础需求得到满足后，必然朝向更高层次需求前进，这正是物质文化需要转向美好生活需要的应有之义。在满足美好生活需要的过程中，在基础需求向高层次需求过渡的过程中，消费需求的升级体现在消费者的“观念”与“行为”之中。

我国目前的居民消费正处在由生存型消费向发展型消费、商品消费向服务消费、由传统型消费向新型消费转变的上升期，居民用于服务型支出消费的数量大幅增加。

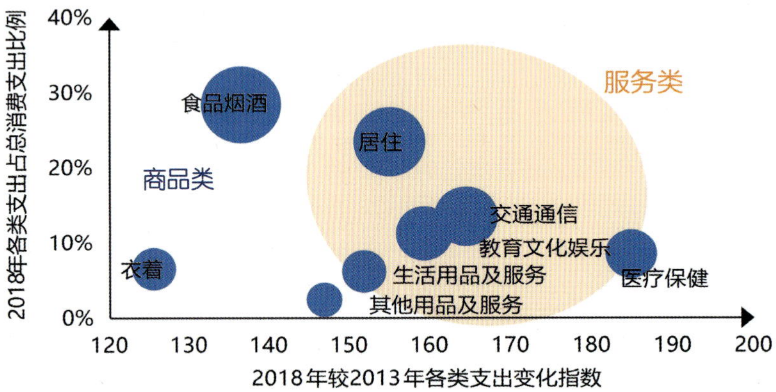

数据来源：国家统计局。

具备条件：科技进步与财富积累

经过长期努力，我国的社会生产力取得了突飞猛进的历史性进步。我国的国内生产总值已经稳居世界第二，对世界经济增长的贡献率也已经超过 30%。伴随着经济社会发展，人民群众的需求已经不仅是“物质文化需要”，而扩展为日益增长的对美好生活的“新需要”，社会生产领域则主要表现出不平衡不充分发展的“新问题”，这就成为我国社会主要矛盾发生转化的现实基础。

马克思和恩格斯合写的《德意志意识形态》一文中有一著名论断：“人们用以生产自己的生活资料的方式，首先取决于他们已有的和需要再生产的生活资料本身的特性。”就我国的现实而言，我们已经创造了巨大的物质财富，即将实现从总体小康到全面建成小康的历史性跨越。我国的经济实力、科技实力、国防实力、综合国力进入世界前列，国际地位实现前所未有的提升。在这样的既有基础上，我们必然产生更高层次的再生产需要。一方面是我们要在不久的将来实现全面建成小康社会的既定目标，另一方面是人民对美好生活的需要日益广泛，小康社会的目标和人们生活的需要不仅对物质文化生活提出了更高要求，而且在民主、法治、公平、正义、安全、环境等方面的要求日益增长。从“物质文化的需要”到“美好生活的新需要”，科技的进步和物质财富的积累是重要的客观因素。

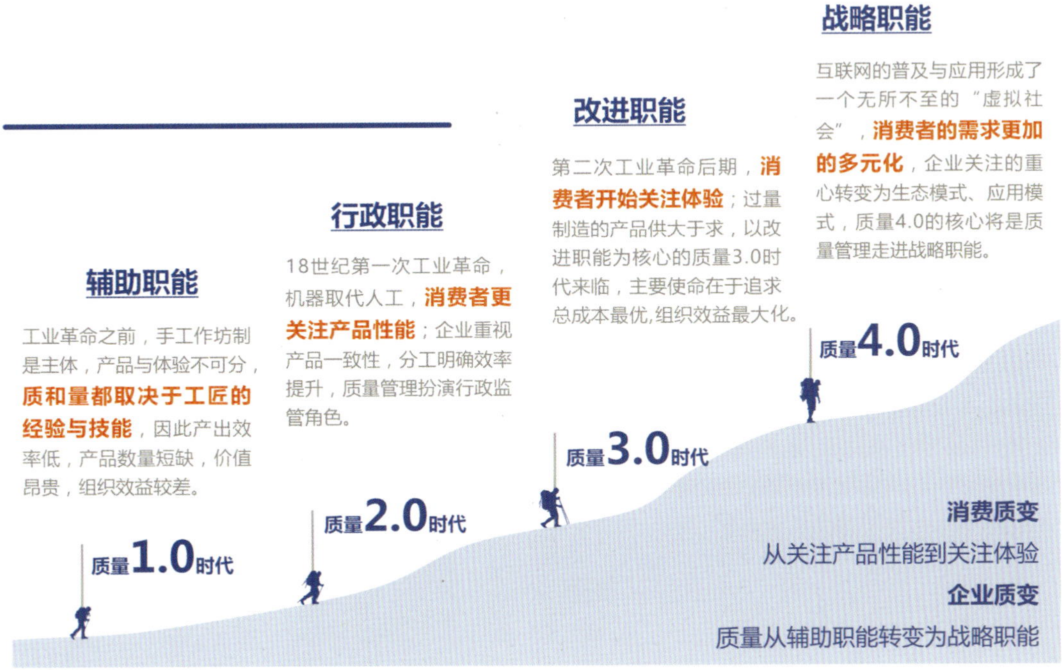

内在驱动：
需求心理引发行为转变

物质生活条件不断富足的情况下，马斯洛需求中的生理、安全、归属、尊重这四层需求相对容易被满足，于是自我实现对于消费者变成了一个很大的诉求，并会影响其消费行为的转变。随着移动互联网以及新的传播技术的出现，消费者能够更加容易地接触到所需要的产品和服务，也更加容易和与自己有相同需求的人进行交流，于是出现了社群性消费者。而在消费者与消费者、消费者与企业不断交流的过程中，由于移动互联网、物联网所带来的"连接红利"，大量的消费者行为、轨迹都留有痕迹，产生了大量的行为数据，这些行为数据的背后实际上代表着无数个与消费者可能产生接触的连接点。

消费观念的升级是由注重满足基本需求向注重自我实现需求转变所引起的，注重质量是注重对于基本需求的满足，注重感受和情感是注重对于自我实现的满足，是一种由功能向情感的转变。具体到消费场景下，是消费者对于消费产品的关注点的变化。消费者对于消费产品的关注由注重产品性能转向消费感受，注重通过消费产品对自我的一种情感的满足。消费观念的升级体现在消费行为层面是对消费体验的关注程度。消费体验是消费者针对所使用或期望使用的产品、系统或者服务的所有反应和结果。消费体验关注度的提升是需求层面的升级，是个体消费层面的升级，是个体层面的高质量发展，更是高质量发展的根本目的。

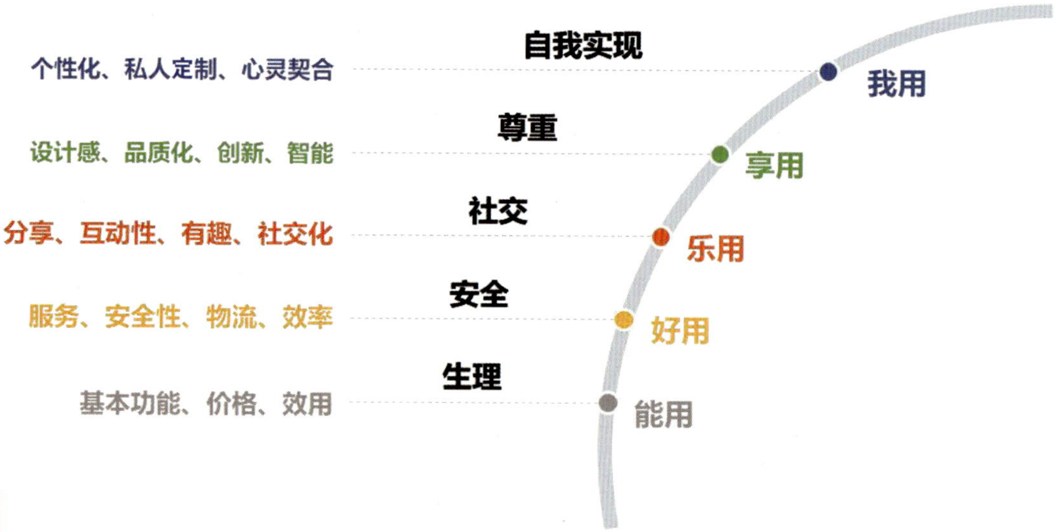

不断成熟的理性体验：稳定和平衡

对于消费市场来说，体验并不是新词，但却是最近的热词。体验的最终形态应是以改变人们的生活方式、满足人们最深层次需求为目的，并能够与消费者建立情感上的沟通。这意味着要从消费者的角度关注完整的体验过程，完整的消费体验旅程涵盖了一系列接触点，因此，即便在单独的接触点上与消费者有良好的互动，整体消费体验仍可能不尽如人意。更重要的是，与这些单独的接触点相比，消费体验旅程与品牌的绩效指标更加息息相关。

无论是实物类消费，或是服务类消费，均应将消费者现阶段追求的获得感放在首要位置，数据显示，本年度快消品在满足消费者即时性需求方面做得最好，相比耐消品和服务业，快消品拥有更短的体验旅程和更少的接触点，更容易为消费者带来稳定的质量消费体验。

调研范围理性升级

本年度行业分类参考统计局居民消费支出，将行业分为交通通信、教育文化娱乐、生活用品及服务、食品烟酒、衣着、医疗保健、其他用品及服务七大类。同时跨越七大类行业，将 130 个子行业依据不同类型分为快消、耐消和服务三种。

调研获取的 28340 个数据来源覆盖了全国 31 个省份、7 大区域，涉及 355 个不同等级城市，以使调研数据更加具有代表性。

体验价值：数量、动力到质量、潜力

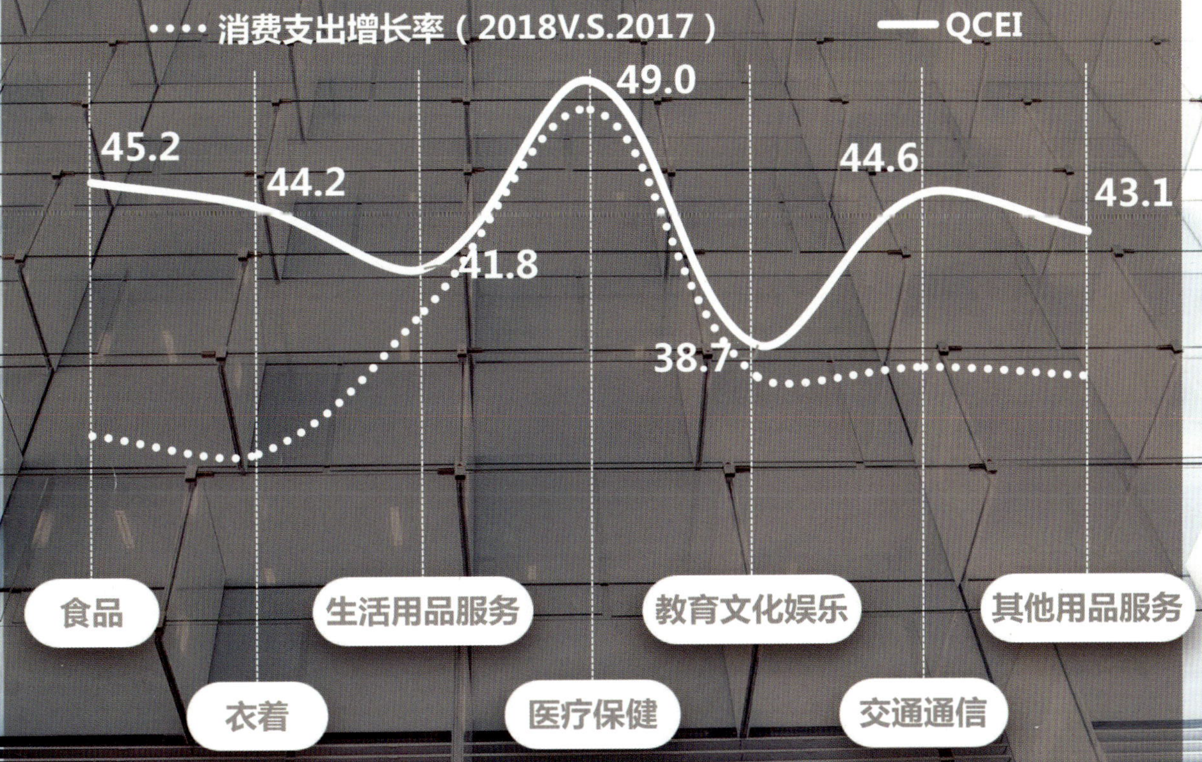

食品、衣着等聚焦于实物产品的传统消费领域，质量消费体验指数对消费支出增长率的拉动效果不明显。这一领域中消费群体的体验更多依赖于产品本身的质量水平，体验环节的触点相对较少，用户的交互面较为单一，用户对体验环节所带来的增值效果往往得不到具体显现；而以医疗保健、教育文化娱乐等为代表的服务领域，质量消费体验所带来的消费增长就十分显而易见了，拉动效果明显，体验的数量与体验的品质均有强势的表现。

如果说体验的数量是品牌用以激发消费者购买行为的动力，那么体验的质量将会成为品牌探索消费体验在未来市场中潜力如何的重要衡量因素。消费者参与到品牌消费体验中的动力并不是一成不变的，也不会持之以恒，但以差异化的品质和情感化的沟通来激发消费潜力，将为品牌的消费体验提供无限的活力。消费体验的潜力所带来的将是潜在的消费冲动、潜在的消费群体甚至潜在的产业、业态和模式。

品牌战略：不满足长板，不包容短板

追求长板是过去很长时间以来用户满意的主要目的。满意的消费者对于品牌的价值是不言而喻的，随着行业的成熟以及用户满意相关流程的标准化，品牌追求用户满意正在变得规范化，但却没有变得容易。在长板效应大于短板效应的时代，消费者的关注中心多集中于品牌的优势；而随着行业、品牌同质性的不断加强，长板间的差异化不再显著，消费者的获得感和满足感也会随之减弱，此时短板的缺陷就会逐渐暴露出来。

这也正是当前消费者对于体验的理解和追求不断趋于理性的重要原因，长时间的长板效应会提升他们对于品牌的预期和需求，而信息技术的进步也会不断改善他们对于品牌、产品和服务等的认知和理解，因此消费者更加需要的是有差异化的长板，并对品牌的短板十分在意。移动互联网提升了品牌信息的传播速度和广度，也在一定程度上扩大了短板的负面影响。

2019 年满意中国数据显示，超过四成品牌质量消费体验位于 QCEI–B 级，表现极好的 QCEI–S 级品牌仅占 3.7%，仍有 7.5% 的品牌位于 QCEI–D 级。领先品牌在消除短板的工作上投入了大量的精力，并取得了良好的用户反馈，进而，能够在变革中保持质量消费体验的稳定与平衡，实属不易。

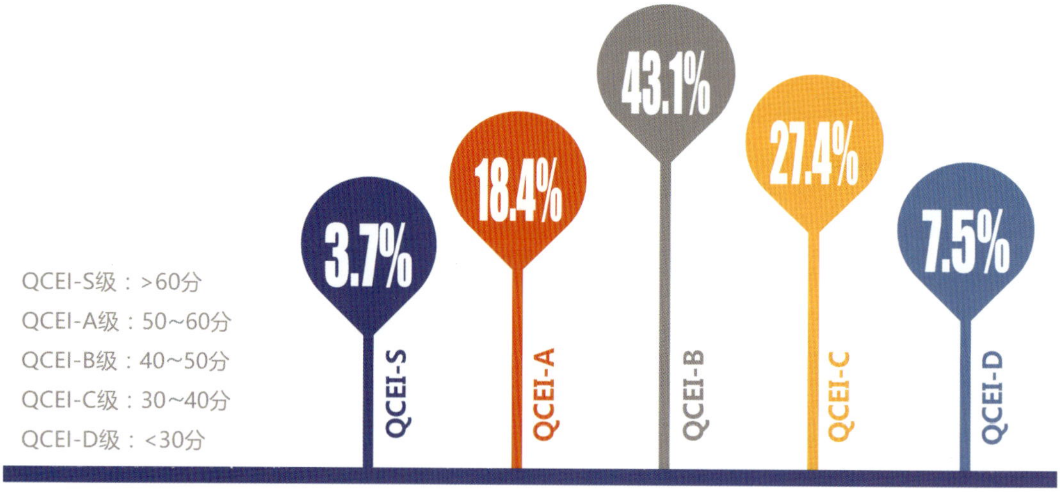

洞察观点：
新消费时代下的行业变迁与重置

当今是名副其实的剧变时代，无论是个人、企业、行业，甚至是国家，或是去变革，或是被变革。何况，现如今的变革，发生得总是悄悄的且迅速，正应了那句“时代抛弃你的时候，连声招呼都不打”。

随着经济与技术的发展，更因为消费代际的更迭，消费升级正在倒逼供给侧的升级，于是产业、行业间的边界正变得越来越模糊，其内涵和外延在不断被丰富和拓展。

小发现：
此时非彼时，此意非彼意

根据本年度满意中国的数据分析，被访者针对消费者 U&A 研究当中的两项常规题目，关于“产品的哪些特点会让您有兴趣关注”和“您选择购买产品时的重点关注或考虑因素”的普通问题，回收的答案也非常普通。按照快消、耐消以及服务行业等分类进行洞察的结果也显示，数据分布与趋势符合行业特征，符合经验预估，毫无新意。然而，此时非彼时，此意非彼意，新消费时代一个鲜明的变化是一切从消费者角度出发，于是，同样的数据，同样的用词，却有了不同的深度。

满意中国数据显示，吸引消费者兴趣和关注方面，无论是快消、耐消还是服务业，提及率第一的均为“安全”，而进一步结合分析发现：

- 快消行业的关键词“安全”，与其配套的是“绿色”，其背后消费者关注的是材料安全、工艺安全、技术安全。归根结底，消费者关注的是健康、无公害。

- 耐消行业的关键词“安全”，与其配套的是“负责任”，其背后消费者关注的是口碑、品牌、用户关系。归根结底，消费者关注的是放心、无故障；

- 服务行业的关键词“安全”，与其配套的是“值得信赖”，其背后消费者关注的是贴心周到、及时准确。

归根结底，消费者关注的是舒适、无顾虑。同样的研究同样的关键词，以往更多由供给侧界定解读、推动引导、宣传普及，而如今妥妥由消费侧界定解读、关注提出、体验验收。消费者的话语权、选择权越来越大，厂商不仅要在如何做如何说上做功夫，更要在如何提升消费体验方面下苦功。新消费时代，改变的不仅是话语权，随之而来的也包括行业的变迁与重置。

快消不再“快”，耐消不再“耐”

根据百度百科的解读：“快消行业是指消费频率高、使用时限短、拥有广泛的消费群体、对于消费的便利性要求很高的商品销售行业。”“耐用消费品行业指生产和销售可以长期使用，无须多次购买的商品的行业，如家用电器、轿车、消费类电子产品等。”

然而，新消费时代，如上定义正在被改写。快消行业固然是消费频率高、使用时限短，但这不表明消费者匆忙地或依照方便、习惯或冲动地去消费。尤其是当今是极度便利、信息充足、崇尚个性的时代，快消行业原有的“具有便利性、视觉化产品、品牌忠诚不高”的特点必将被改写。快消行业消费者更关注安全、绿色、健康、无公害。如今的他们明确知道自己要什么，正因为是高频率使用，于是他们更注重长久使用的后果可能性，于是他们虽然会尝试多个品种多个品牌，但最终还是会锁定适合自己的几个品种与品牌。同样，耐消行业虽说是为了长期使用，但这同样不表明消费者真的一成不变或照单听话。以典型耐消品电器、轿车、消费类电子产品等为例，或是技术更新，或是政策变化，更或是时尚潮流，如上耐消品的被更替率是相当高的。耐用品不再耐用的现象越来越显著，不是因为产品不耐用，而是因为不再耐看或耐喜欢。无论是快消还是耐消，某一品类或品牌拥有广泛消费群体的时代将一去不复返。今后不再有大众消费，而所有消费都将是小众消费。

产品化到服务化，所有行业都将是服务业

还是百度百科的解读：“消费性服务行业是我国‘十一五’规划中提出和强调的概念，主要是指为适应居民消费结构升级趋势，继续发展主要面向消费者的服务业。其内容主要包括商贸服务业，房地产业，旅游业，市政公用事业，社区服务业，体育产业等。”很显然，如上定义具有将服务产品化的特点，即将服务进行标准化，使其能够被评估，并按照产品市场准则进行交易。近几年以来，消费性服务业确实得到了长足良好的发展，甚至已开始行业泛化。IT 技术的发展，互联网的普及，使得越来越多的传统产业向服务转型。更重要的是消费升级意味着消费者愿意花更多的钱，换取产品的更多附加价值（比如体验、氛围、品牌、便利性）。如此，产品化向服务化发展已成为必然且必需，不久的未来所有行业都将是服务业。

精神、精致更多从消费者角度体现。新消费时代的需求已经从功能转向精神，从品质转向精致；而精准、精心更多从供给者角度体现。随着个性化需求的不断被提出与被满足，市场将继续分层与多元化，所以精准定位精心服务是制胜利器。目前市场已有人尝试反向定制，去满足千人千面的需求。

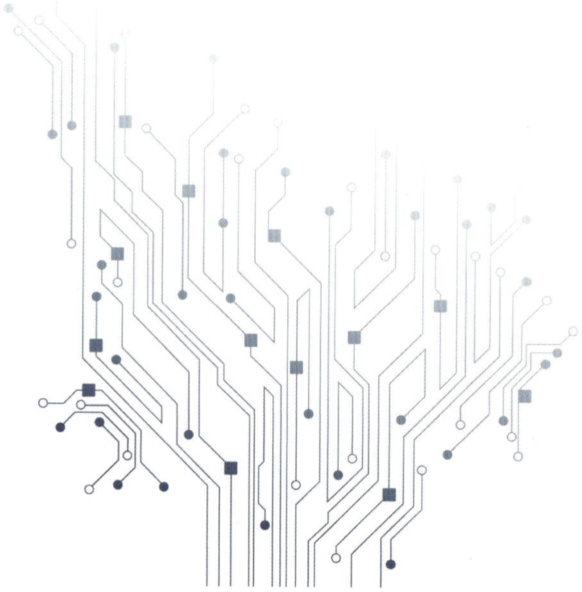

看山是山，看山不是山 看山还是山

过去很长时间以来，市场经济虽然一直快速发展，但其模式没怎么变，基本以供给侧为主导，消费者被引导或在有限的范围内作有限的选择。故此，以往围绕市场的理论或研究也都以供给侧主导为大背景，相关的数据或模型具有延续性，研究思维较为固定，于是往往看山是山。

然而，目前市场模式已发生改变，已以需求侧为导向，消费者可充分作选择，故此相关研究也有必要以需求侧主导为大背景。尤其需要注意：目前呈现的，与以往雷同的行为或描述，其背后的意味可能已有颠覆性的变化，此为看山不是山。

市场变化纵然千秋万华，眼花缭乱，但市场经营三要素始终是市场、产品、用户。无论是供给侧主导还是需求侧主导，研究焦点始终是市场、产品、用户，此为看山还是山。

如果说技术发展和消费升级加速推动着行业的变革，那么，对信息的敏感度与对现象的洞察解读能力，是加速推动个体或企业适应变革的必备素质。

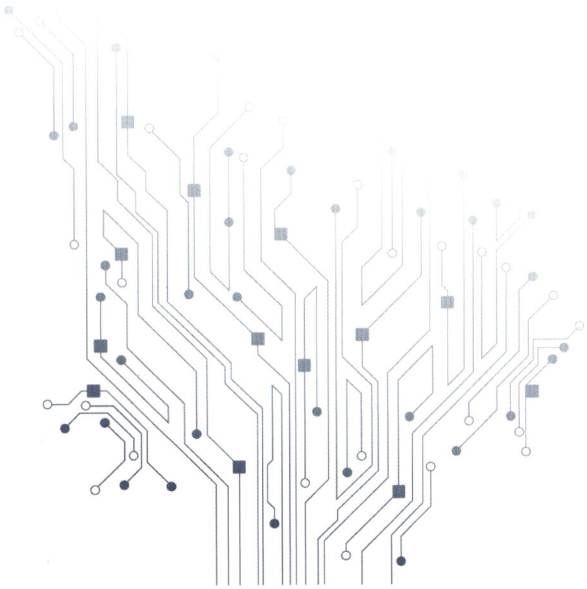

连接一切的数字时代：共享和社会

数字时代的最大特点在于其连通性。连通性给消费市场带来的变化是前所未有的，企业、员工、消费者、渠道经营者之间的相互沟通、彼此参与变得越来越容易，并带来大量的成本节约以及丰富的理念沟通，以此大大促进了共享经济的发展和品牌社交圈的形成。消费者也很乐于接受这种共享，并通过社交媒体、互联网等方式参与共享或者接纳共享；连通性同样体现在消费者之间的互动，个体消费者的意见会通过社交圈子迅速成为社会意见，并影响更多消费者的决策。如此来看，消费者不再是被动的信息接收者，而是逐渐变成品牌的活跃传播者。

当前消费者对数字化品牌的认可和使用程度不断提升。数据显示，消费者平均使用过的网购平台达到 4.2 个，快递服务品牌 3.9 个，视频网站 3.6 个，网络社交平台 3.6 个；另外，旅游、母婴类网站、共享出行品牌等的人均渗透品牌数量也都超过 2 个。

跨界：消费者与品牌的情感连接

消费者跨界并不是新鲜事，但我们更应该关注的是消费者跨界的广度和精细程度。在国民经济的统计口径中，对于居民消费支出仅仅划分为食品烟酒、生活用品及服务、交通通信、衣着、教育文化娱乐、医疗保健、住宅、其他用品及服务这几个板块，但实际上，消费者对于日常消费的分类要复杂得多。根据往年满意中国的行业体系，消费者日常涉猎的品类多达100多个，且某些品类还会进一步细分。这种细分体现了不同消费者与不同产品服务间的情感连接。每个消费者的跨界都意味着一种独特的价值观，消费者更愿意在这种跨界中满足其自我实现的需求。

品牌在品类间跨界在大品牌中很常见，这里我们要说的是品牌在消费者中的跨界，体现品牌的黏性和中介作用。体验时代下的品牌，除了要传递品牌信息和价值观之外，还需要通过产品和服务与消费者建立情感上的沟通，从而获得品牌黏性，并促进消费者借助品牌的平台进行分享、沟通和表达，以此形成以品牌为中心的社交圈或消费者社区，这将是未来品牌跨界的主要趋势。

共创：以用户为中心，共同实现价值

体验时代下，面对全新的用户，企业也需要打造全新的“以用户为中心”的企业战略：与用户积极互动，尊重用户的“人本”属性，让用户参与到企业价值的创造中来。

与用户积极互动不应被简单地解读为满足用户需求和解决用户痛点，企业更应注重互动过程中企业价值观的输出和用户价值观的获取。事实上很多企业都在建立自己的用户论坛和社交媒体账号，这使得他们能够在用户社区中构建对话，并通过这些对话真正融入用户中。

尊重用户的“人本”属性需要企业将用户还原成真正的“人”，关注这个“人”的情感和价值观，如今的用户正在因为快节奏的工作和生活而变得焦虑，因为全球化的发展和变化感到迷茫，产品和服务对他们而言，不仅需要满足功能和情感的需求，还要能够满足精神层面的需求。体验时代下，企业为了满足用户价值观驱动的这些需求，就必须真正做到“以人为本”。

让用户参与到企业价值的创造中来是帮助用户实现自我价值的重要途径，如今更多的创新型企业开始让产品达人、意见领袖甚至普通用户参与到产品和服务的设计中来。这种直接的用户价值观导入方式，极大地满足了用户自我价值实现的需求，为他们带来卓越用户体验的同时也创造了可观的企业价值，真正实现了企业与用户的价值共创。

取胜：使用户“享受、体验和参与”

在菲利普·科特勒的《营销革命4.0》中，他指出用户眼中的产品有三个层次——享受、体验、参与。

只关注产品质量的企业和品牌为用户带来的只有**享受**，他们所关注的产品和服务发展是为了满足用户的需求。

而能够看得更远的企业和品牌，往往能为用户带来良好的用户**体验**，通过服务计划和设计，他们为用户带来的是差异化的实体店和线上服务体验。

最后，那些站在最高点的企业和品牌能够让用户**参与**决策，使用户能够展现自己的地位，通过改善用户体验，并提供足以改变生活方式的定制化，他们实现了用户最深层的需求和渴望。

体验发展至今，用户参与已经成为新的主流和追求。换言之，在体验时代，唯有站在用户的视角创造企业价值，企业才能在市场竞争中占据一席之地。用户体验的“新”不仅是技术层面创新，能够改变用户生活方式、满足用户深层需求和渴望的体验，才能更好地抓住用户的“心”。

洞察观点：
数字经济下的 QCEI

从 2000 年到现在，仅仅 19 年的光景，多一半世界 500 强企业从名单上消失了，这些企业有的被收购，但更多的是以破产而告终。在当今以个性化和体验为特点的数字经济时代中，传统的用户与企业、企业与企业之间的关系发生了巨变，没能够快速应变的企业只能被无情地淘汰。

数字经济的快速发展重新定义了人们的生活方式。企业真正的竞争优势在于对于用户体验的准确把握，借助数字化打造个性化的新体验，保持对用户的吸引力和市场竞争力。

中国数字经济高速发展

数字经济是指以数字化的知识和信息为关键生产要素，以数字技术创新为核心驱动力，以现代信息网络为重要载体，通过数字技术与实体经济深度融合，不断提高传统产业数字化、智能化水平，加速重构经济发展与政府治理模式的一系列经济活动。如果说“互联网 +”是手段，那么数字经济就是结果。数字经济是继农业经济、工业经济之后的一种新的经济社会发展形态，是由生产力发展水平决定的。数字经济在基本特征、运行规律等维度出现了根本性的变化，信息产品供给、信息服务应用不断丰富和升级，从传统的手机、电视等信息通信设备向可穿戴、家庭居住、交通出行、餐饮外卖、医疗健康等领域广泛延伸。无论是数字化、智能化、网络化还是各项技术在经济当中的广泛应用，都快速地改变着人们的生活方式，对人们质量消费体验和消费习惯的改变可以说是一场深刻的变革，日益成为全球经济发展的新动能。

美国早在 20 世纪 90 年代就开始推动数字经济的发展。2016 年 9 月，二十国集团（G20）领导人杭州峰会首次提出《二十国集团数字经济发展与合作倡议》，表明发展数字经济已成为全球共识。2017 年 3 月 5 日召开的十二届全国人大五次会议上，国务院总理李克强在作政府工作报告时表示，将促进数字经济加快成长，让企业广泛受益、群众普遍受惠。这是“数字经济”首次被写入政府工作报告。2019 年政府工作报告明确指出，深化大数据、人工智能等研发应用，培育新一代信息技术、高端装备、生物医药、新能源汽车、新材料等新兴产业集群，壮大数字经济。

与发达国家相比，我国数字经济的发展后劲十足，2018 年我国数字经济总量占 GDP 比重超过三分之一，其中服务业在数字经济中占比近四成。发展数字经济，对深化供给侧结构性改革，推动新旧动能接续转换，实现高质量发展，意义重大，机遇难得。

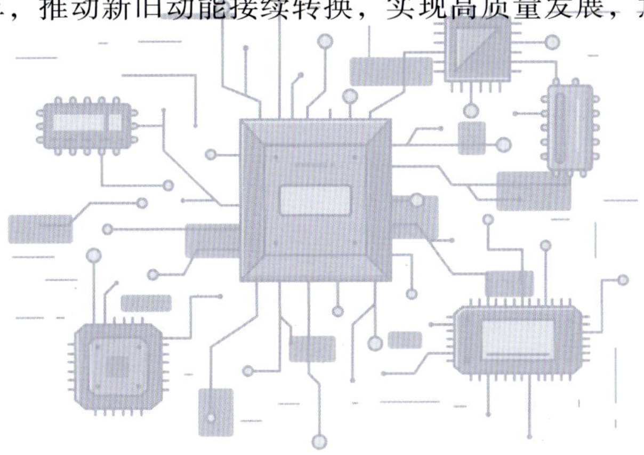

数字经济正在走进并改变我们的生活

数字技术的应用和新模式、新业态的出现，对于改善民生、增进社会福祉作用巨大。世界经济论坛对34个经合组织成员国的调查显示，数字化程度每提高10个点，能够促使经合组织幸福指数上升约1.3点，数字经济的发展能够跨越式满足人民对美好生活的向往。

目前，数字化的范围正在从C端用户向B端和G端延伸，很多国家积极建设电子政府、数字政府，大大提高了行政效率。数据开放和共享逐步消除了政府和公众之间的信息差、文化差、知识差、能力差，构建起无缝隙、一体化的跨部门业务协同体系。以政务微信为例，基本实现了公安、旅游、食药监、党政、交通、教育、医疗、人保、司法、外贸等政府职能的全覆盖，在很多政务民生领域，通过微信送达民生服务成为常态。数字经济同时拓展到生活领域，形成便民服务新业态，形成O2O服务新模式。水电气缴费让用户足不出户享受指尖生活。缴费、餐饮、家政、物流、教育、医疗、旅游、酒店、停车、社区等多领域都为消费者提供了智慧解决方案。

数字技术正是通过效率的提高、成本的下降、使用的便捷等特点为广大消费者所接受。比如“互联网+教育”模式，将教育资源在网络上共享，使教育走出了学校，跨越地区、国家，使全球连成一片，让所有学生都能够享受到最优质的教育资源。近几年，线上教育发展火热，越来越受到家长和学生的喜爱，从最开始的录播到现在的直播，老师与学生在同一时间维度下，可以实时互动，给予关注和学习成果反馈。这种学习的时效性得到了保障，同时新颖的教学形式得到了学生们的喜爱。线上教育可以跨越国家，在英语学习上可以实现与国外本土老师进行对话交流，不用出国便能身临其境感受纯正的英文语言环境。线上教育使教学效果更有效，同时不受空间和时间的限制，随时随地都可以学习，完美解决了除学习本身以外的干扰因素。

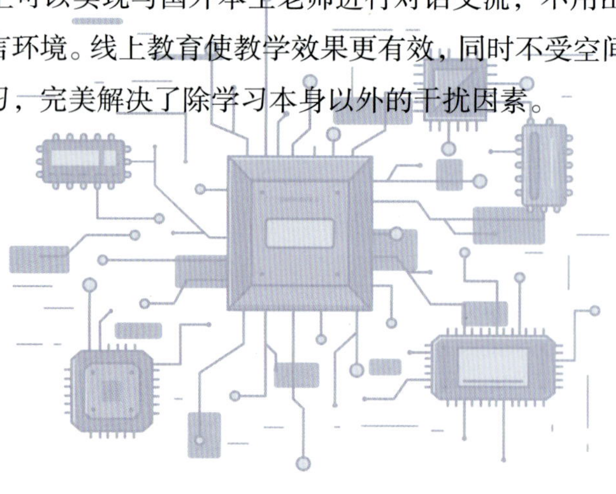

数字经济下质量消费体验的特点

亨利·福特曾说过：“如果我当年去问顾客他们想要什么，他们肯定会告诉我：一匹更快的马。”这句话我们可以理解为，用户永远不知道自己想要什么，我们要帮他想，直到他满意为止。我们也可以这样理解，用户想要的东西，需要你不停地去满足，在满足过程当中还要不断地改变。同样，这句话在现在可以这样定义，再过十年又将出现新的含义。老福特所处的时代，是一个机器大整合时代，自动化的时代。老福特看到，大家都需要一辆车，人人可以买得起的车。他的做法是运营集约化、工厂自动化、流程简化。他拼命地降低运营成本，大规模地批量生产汽车，占据所有市场份额，挤开所有竞争对手，制造又好又便宜的汽车。老福特的这种做法，在当今市场环境下或者还会有效果，但是已经不足够了，新的商业模式必须打破一切固有思维。

今天的消费者越来越挑剔，希望获得个性化的即时高效服务，他们根本不关心品牌提供哪些渠道，而只是希望品牌在最便捷的地方以最快的时间尽可能高效地回答或解决他们的问题。人们发明了各种各样的移动应用用户端，对于传统的、低效率的方式，人们越来越不耐烦了。所有触点的无缝体验都至关重要，刻板、不灵活的互动很容易导致用户的流失。在数字经济环境下，个人、企业乃至整个社会都实现了实时互联，消费者可以通过网络获取任何他想要的信息、产品、服务。而且，现在越来越多的消费者愿意为了体验而付费。因此，企业以用户为中心，专注于顾客体验一定要与时俱进。

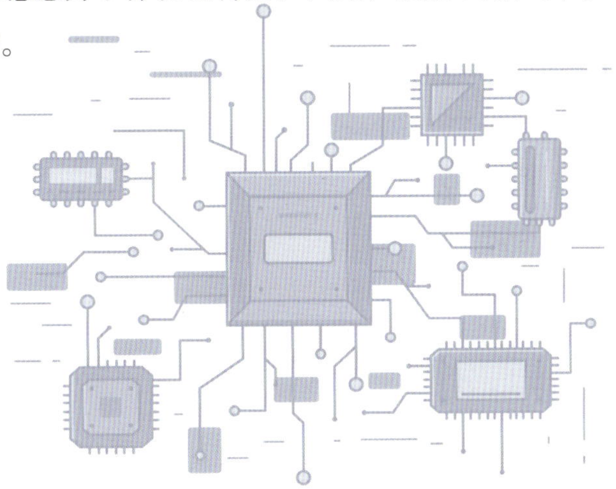

捕获消费者虚无缥缈的“对的感觉”

除了房子、汽车等大宗商品外，在很多领域已经进入“过剩”的时代，不仅生产端产能过剩，消费领域供给同样过剩。随着生产力的发展，人们的需求层次在提高，以前主要是实现温饱，而如今除了满足温饱外，更注重心灵的体验和精神的享受，从生理需求上升到了精神需求层面。比如，过去去饭店吃饭多是快速解决饱腹问题，为聚会提供社交场所。如今江南水乡静谧、年代复古怀旧、动物园海底世界、台湾小清新、日式幽静、欧美金属等各种主题鲜明的场景布置层出不穷，在满足人们味蕾的同时，使整个就餐过程成为一种美妙的享受和难忘的记忆，消费者再次光顾的原因可能已经不是饭菜本身，而是出于他们对环境、服务的体验需求，比如陪吃饭娃娃可以解决独自吃饭的尴尬。这样，我们就能很好地理解现在人们“远征式”吃饭的热情，探索并体验新城市中的餐饮也成为旅游的重要理由，探索、寻找、体验，而吃与喝仅仅是一个结果：“世界那么大，我要去吃一吃”。

我们正处于一个灵活多变、寻求感觉的年代，满足需求非常之难。用户不仅仅在寻找需要的商品和服务，更是在寻找“对的思维模式”，甚至是寻找一种情感的寄托。消费者体验的最高境界可以更直接地表达为“感觉对”，言外之意是“这种体验是我喜欢的”。消费者在做某个选择时，通常他的直观感受是：我对这个感觉很好，我感觉就应该是这样的。而并不会去考虑这样是对的，那样是错的。而这种“对的感觉”正是今天企业所面临的最大的挑战，只有这种“对的感觉”才会让企业真正地贴近用户，才能与用户建立“有效”关系。对企业而言，如何捕获这种虚无缥缈的“对的感觉”，是他们面临的最大挑战。

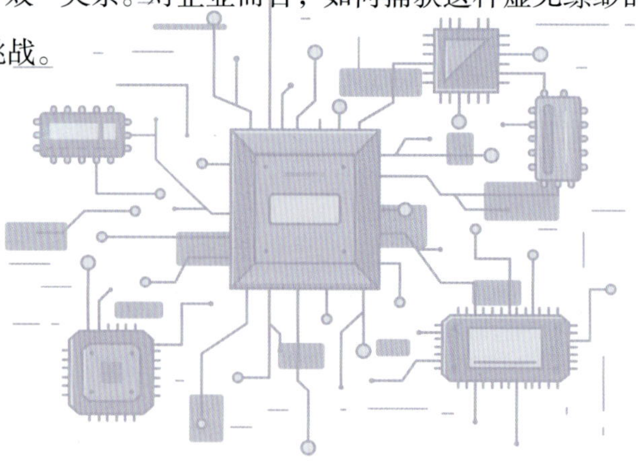

02

区域活力

致知力行，继往开来

当下的中国，城市是人民群众生活最为重要的载体，每个城市的发展水平、开放程度、创新能力、均衡发展理念、城市文化等因素，将其划分为不同类型，使其具有不同特征，而这背后也蕴藏着极具差异的民生需求。

协同

活力

区域协同发展趋势显现

当下的中国，城市是人民群众生活最为重要的载体，城市的发展水平、开放程度、创新能力、均衡发展理念、城市文化等因素将其划分为不同类型、不同特征，而这背后也蕴藏着极具差异的民生需求。以北京为核心的华北地区，积极打造国际化、品牌化消费市场，引领全球消费新趋势；以重庆地区为核心的西南地区提出建设国际消费中心城市的目标，重庆正探索一条消费升级的路径，显著提升了西南地区消费者的消费体验指数；以广州为核心的华南地区，对商业变革一向敏锐，近年已涌现不少具有代表性的体验式消费场所，致力于提高消费者体验。

各区域质量消费体验协同发展趋势显现，消费体验指数差距逐渐缩小。其中，华北、西南、华南三个区域连续两年领先于其他区域，而消费体验指数的领先与各区域消费体验发展战略密不可分。

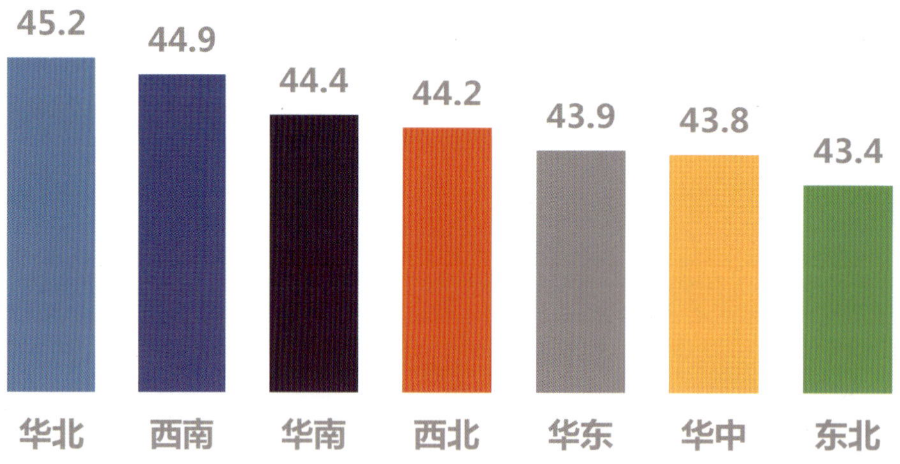

城市消费活力账单

食品

作为居民赖以生存的基本要素之一，满足了居民的生存需求，体现了居民的基础生活状态。

衣着

作为居民生活的外在表征，实现了居民外在与内在的统一，体现了自我与他人之间的连接关系。

医疗健康

作为居民存在的载体，满足了居民作为一个独立个体存在的条件，体现了省市对居民的基本保障情况。

生活用品及服务

作为居民与社会交流的纽带，寄托了居民的生活需求，体现了省市发展的社会经济发展水平。

教育文娱

作为人自身内部寻求精神愉悦与放松的主要渠道，满足了居民的精神需求，体现了居民的自我生活状态。

交通通信

作为城市正常运转的主动脉，实现了居民跨越时间和空间的交流需求，体现了自我与他人之间的连接关系。

食品——最佳乐吃省市 TOP10

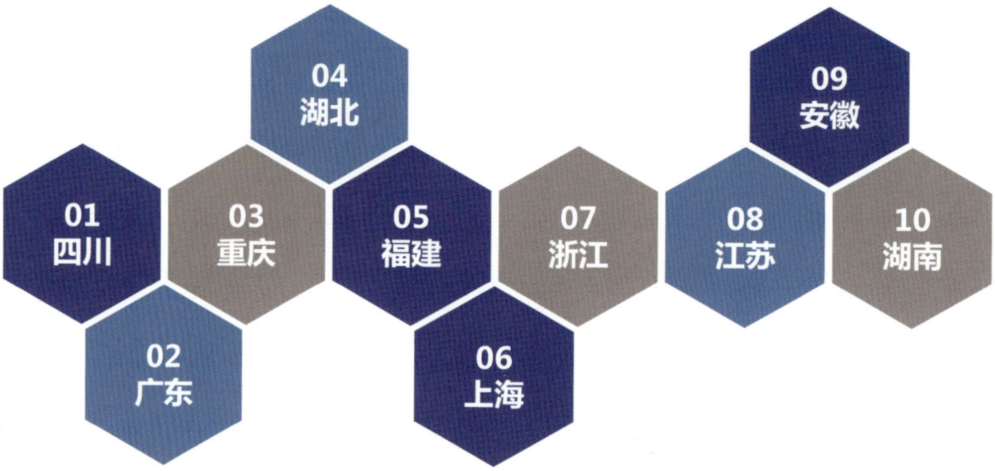

在居民饮食消费方面，南方显然比北方更会吃，饮食消费活力前十的省市多位于南方地区。中国的饮食文化，由北往南越来越复杂精细，由北往南食谱越广，“川菜”“粤菜”“湘菜”“江浙菜”等，这些具有鲜明的南方风味特色的菜系，成为社会所公认的中国饮食的菜肴流派。都说味在四川，本次调研结果也证实了四川在饮食消费能力和饮食消费体验方面处于领先位置。川菜味型多样，厚实醇浓，是民间最大菜系。如今川菜馆遍地开花，受到热捧。

衣着——最佳乐穿省市 TOP10

在衣着消费方面，衣着消费活力前十的省市多位于中东部地区。除北京、上海这些一线城市外，郑州、成都、重庆、天津、苏州、青岛、长沙等新一线城市迅速崛起，引领其所在的省份在衣着消费方面也迅速发展，居民质量消费体验也不断提升。而且随着三四线市场的崛起和品牌渠道的下沉，越来越多普通消费者熟悉的大众品牌也开始推出副线产品，服装市场似乎更“热闹”了。

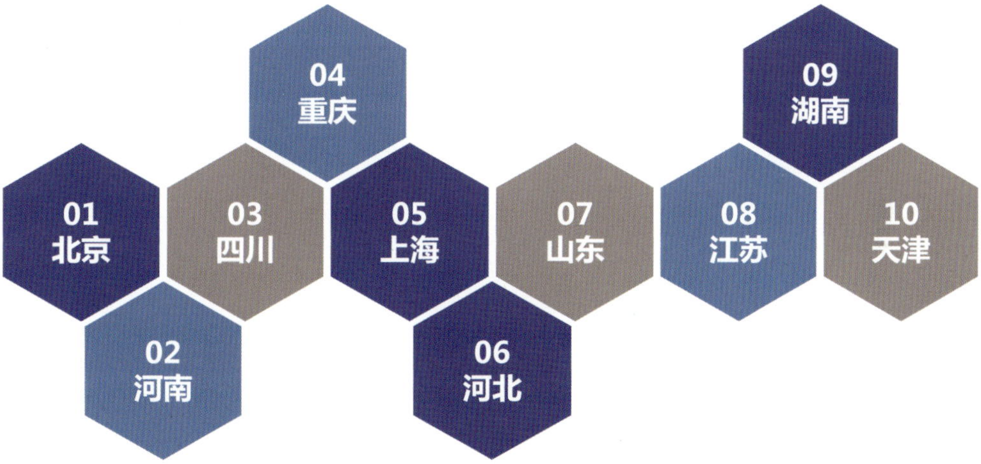

健康——最佳乐康省市 TOP10

随着“健康中国”战略落地，“十三五”期间围绕大健康、大卫生和大医学的医疗健康产业有望突破 10 万亿元市场规模，大健康产业将进入黄金发展期。中国多个省市积极布局，将大健康产业发展列入省市重点规划。北京市海淀区率先布局，将大健康发展列入“十三五”规划，大健康文化产业先导区将在丰台区建设；上海各区积极规划发展大健康产业，建立“张江药谷”、国际医学园、自贸试验区等；江苏利用健康产业集群、商业健康地产等十余种模式综合发展大健康产业；此外，国家卫生健康委员会与天津市、江苏省、广东省、湖北省、四川省等 10 余省（市）签署共建“互联网 + 医疗健康”示范省（市）协议，共同促进医疗健康产业发展。

生活——最佳乐活省市 TOP10

在居民生活消费方面，不同类型的城市呈现不同的特点。一类城市虽以商业及经济著称，也在积极为居民打造幸福宜居的生活氛围。如提到北上广，人们第一印象可能是高不可攀的房价、快节奏的生活步伐和高强度的工作压力。然而，这些城市也在努力通过各种方式扭转人们心中的固有印象，为居民打造宜居的幸福城市。如上海地区打造“15 分钟社区生活圈”，营造低碳、健康的生活方式和便利、共享的品质空间。另一类城市本身拥有的幸福特质，无形中也提升了居民的生活幸福度。如成都、重庆、南京、青岛等城市，优越的地理位置、舒适的生活环境、齐备的生活设施、适度的生活节奏，无疑都能提升居民在本地生活的幸福指数。

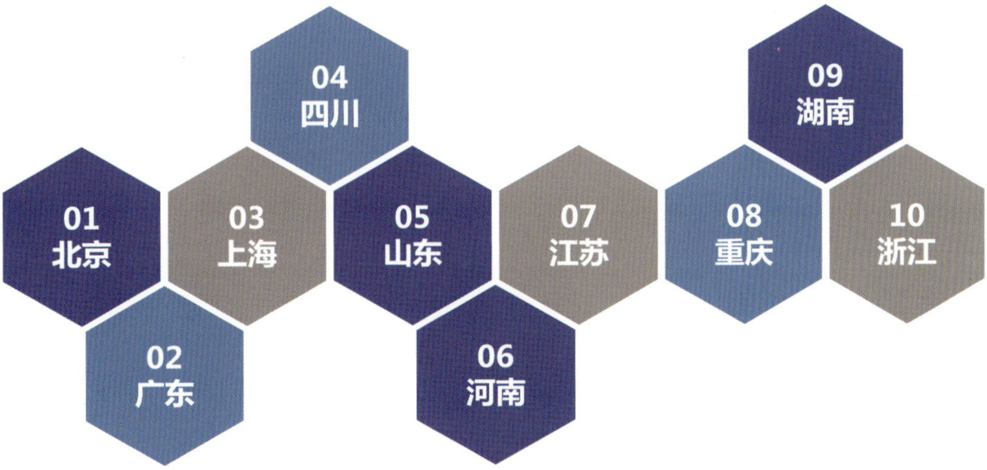

文娱——最佳乐享省市 TOP10

在城市休闲属性中，大致可分为两类。一类是休闲功能上升为城市性质的城市，此类城市休闲功能完善、设施丰富、产业发达，以休闲文化为城市的气质和灵魂，在旅游、文化、娱乐、体育、餐饮、商贸零售等方面均有较快发展。如长沙、重庆、青岛等城市凭借良好的自然资源和文化底蕴，加之人为的亮点项目提升城市魅力，积极打造“休闲之都”。另一类是以完善城市功能为目的的城市，通过不断发展和完善城市休闲功能，满足居民休闲需求，提升城市居民生活幸福度。如北京、广州、深圳、上海等一线城市，通过建设城市休闲功能，满足居民日益增长的精神文化需求。

社交——最佳乐通省市 TOP10

在城市社交通信建设过程中，也呈现出了不同的特色。部分城市信息通信网络设施已处于领先水平，开始探索更高层次的通信建设。如北京、重庆、广州、杭州等城市，信息通信设施趋于完备，开始探索 5G 建设，并注重增强 NB-IoT、CDN 等应用基础设施资源的能力。另一部分城市以努力完善基础通信设施为特征，促进城乡通信同步发展。如黑龙江的“宽带龙江”建设，吉林省的光网建设、4G 网络覆盖、通信资费下降等方面都取得新的突破等，均在不断完善通信网络建设，力争为消费者创造全面、快速、安全的通信环境，提升城市现代化管理水平和服务保障能力，实现城乡一体化发展。

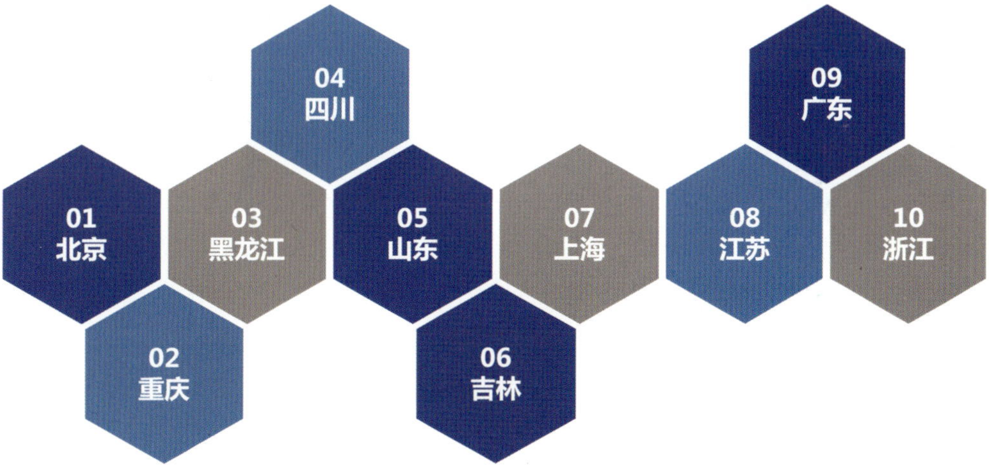

上海——消费活力指数：447.3，总体：384.0

上海，长江经济带的龙头城市，在城市活力指数方面展现了其强大的经济实力和区位优势。上海以 2020 年建设成为国际文化大都市、全国文化中心为冲刺目标，迎来了新一轮文化空间格局的突破性发展。在经济文化大跨步的发展中，上海这座城市依旧将高质量生活作为城市建设重点，使得上海人的生活愈加便捷。高强度的休闲基因及生活诉求，也促使上海这座城市愿意为休闲及生活服务买单。

本次调研数据显示，上海地区的整体城市消费活力账单为 447.3，其中，城市饮食消费活力达到 81.5，交通、教育文娱、医疗均衡发展，彰显了上海地区人们爱生活、会生活的天性，极大地提高了上海地区居民的生活幸福度。

四川——消费活力指数：441.3，总体：384.0

四川，经过多年的高速发展后，经济增长重心坚定地转向高质量发展，信息经济引领发展、工业制造转型、服务业持续发力以及消费升级、创新驱动等标签无疑为四川蒙上了一层优质稳速的面纱。四川省加快实施消费升级行动计划，积极推动消费载体升级，优化供给、促进消费增长，全省消费市场规模继续扩大，增速仍处中高速增长区间，保持了稳健发展的基本面和提质升级的总势头，为推动高质量发展提供了有力支撑。

本次调研数据显示，四川省的整体消费活力账单为441.3。作为高质量发展省份，四川省的生活幸福度、医疗保健度及交通通达度均表现出强劲的发展势头，但教育文娱方面稍显薄弱。

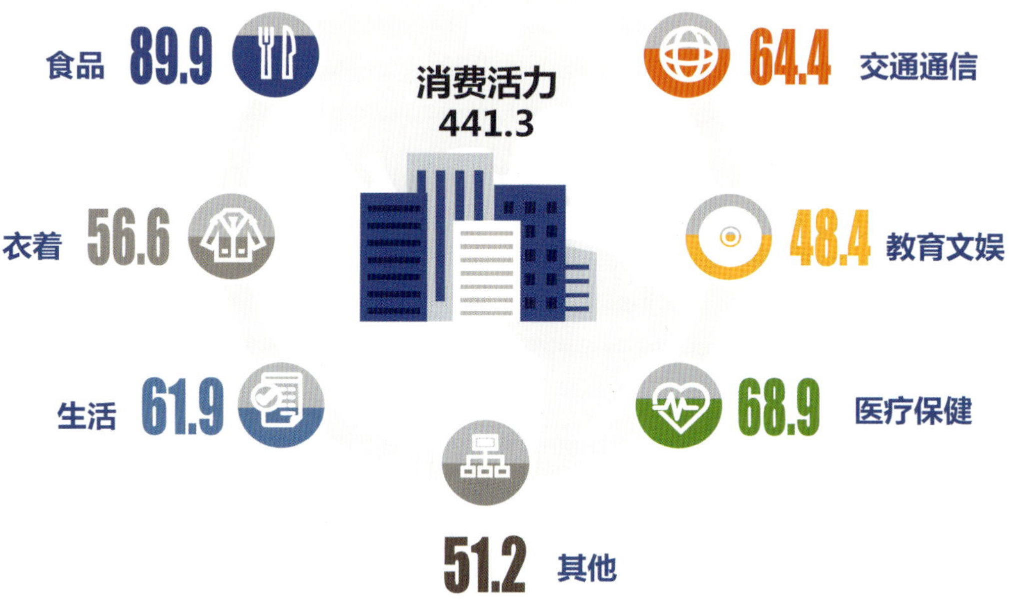

北京——消费活力指数：440.7，总体：384.0

北京，具有强大的经济实力和区位优势，在城市民生建设方面也做出了诸多努力，如通过增加轨道交通建设、公交路线新开与优化及停车资源整顿等改善居民的出行环境，打造一刻钟社区服务圈等提升居民的生活品质等。北京居民消费发展模式主要包括以属地型综合体为特征的社区商业模式，以生活服务街区为特征的集聚区发展模式，以生产性服务业为主、生活性服务业配套发展为特征的融合嵌入模式，以及以“互联网＋生活性服务业”为特征的新型服务模式四种模式，无形中提升了居民对北京的依赖感、信任感与安全感。

本次调研数据显示，北京地区整体城市消费活力账单为440.7。作为全能型的首都城市，北京在衣食、生活、交通、文娱及医疗方面发展均衡。

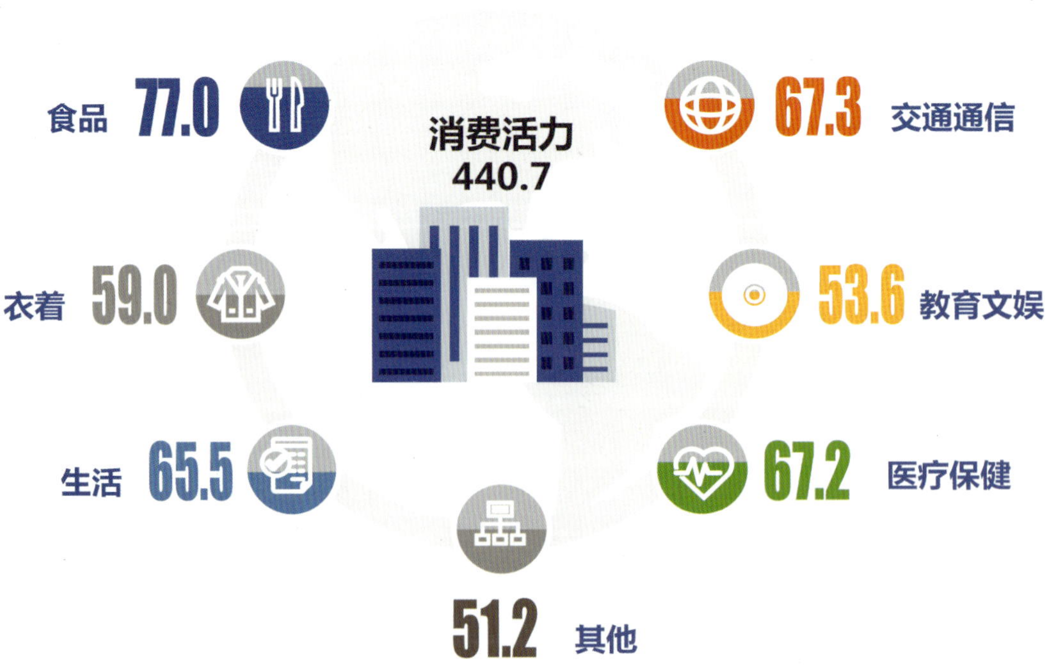

广东——消费活力指数：439.0，总体：384.0

广东，坐拥广州和深圳两个一线城市，在投资开发、开拓创新方面均有着得天独厚的优势，同时也更加注重城市民生建设。2017 年广州着力完善公共交通建设及智能化改造，加快推进轻轨建设、新增及优化公交路线；同时，加强住房保障，在住房租赁补贴及棚户区改造等方面重点改进。此外，深圳积极落实文体惠民工作，免费或优惠社会体育场馆持续开放，为居民的休闲娱乐打造了浓厚的氛围，并努力在生活、休闲等方面实现“互联网 +”，为居民提供更为便捷的生活服务，提升居民生活便利度及智能化。

本次调研数据显示，广东省的整体消费活力账单为 439.0。广东在衣着、生活、交通、教育文娱及医疗方面的消费活力均处于中等偏上水平；在居民的饮食诉求方面满足度较高，达到 88.7，“吃在广东”果然名副其实。

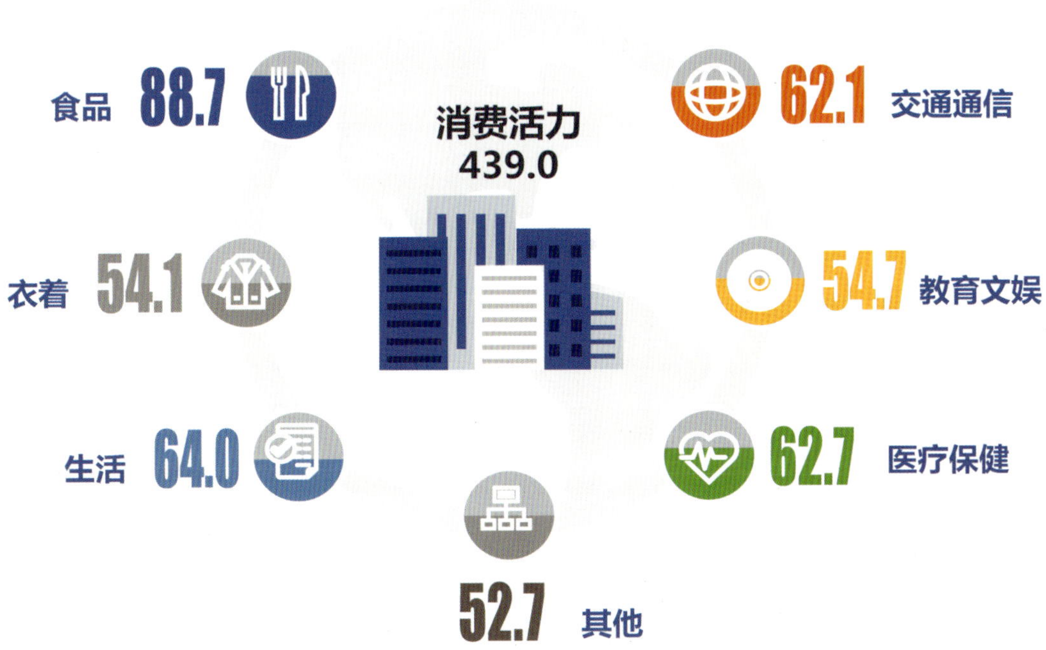

重庆——消费活力指数：429.5，总体：384.0

重庆，坐落于群山环绕之中，被称为“山城”，经济实力快速发展。国家政策的大力倾斜，使重庆成为除北上广外人口流入的又一大入口，也是城市转型发展的主先锋。2017 年，重庆致力于打造全国首个“移动支付智慧城市”，至此，智慧化成为重庆的新标签。智慧生活、智慧交通、智慧政务等新领域，使得居民可以足不出户，即可完成生活服务、政务服务等，城市便民生活服务进入一个新纪元。

本次调研数据显示，重庆地区整体城市账单为 429.5，城市在饮食方面较为发达，达到 86.0。其次，城市交通通信建设处于较高水平，交通通信活跃度达到 65.6；此外，居民对医疗健康消费体验也较为满意，健康消费活力账单达到 61.6。

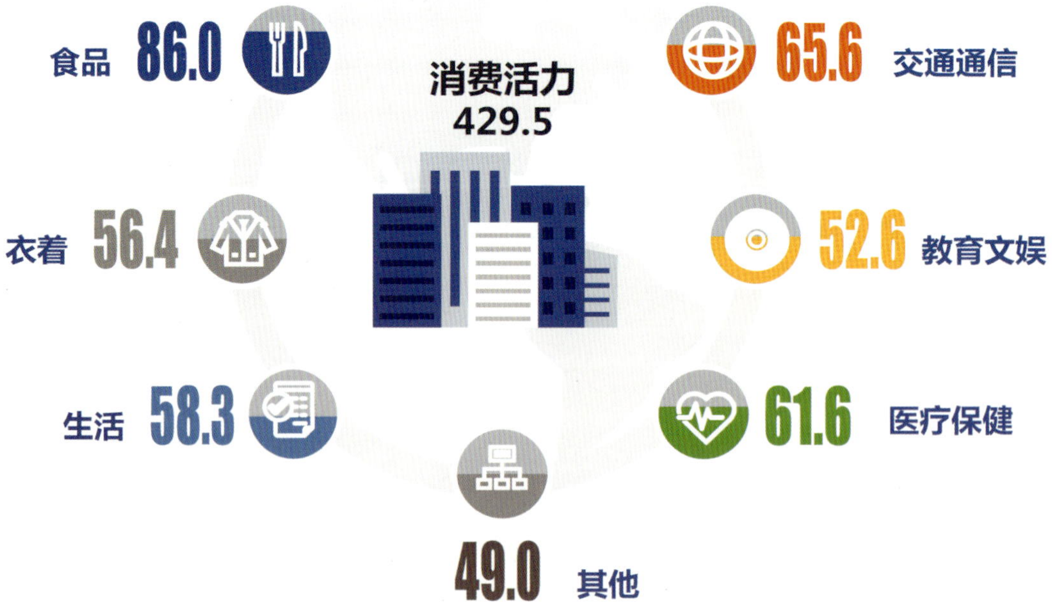

各省市消费活力账单

省市	食品烟酒	衣着	生活用品及服务	交通通信	教育文化娱乐	医疗保健	其他用品及服务	消费活力指数
上海	★81.5	★56.2	★63.9	63.2	★58.4	★68.0	★56.0	**447.3**
四川	★89.9	★56.6	★61.9	★64.4	48.4	★68.9	★51.2	**441.3**
北京	77.0	★59.0	★65.5	★67.3	★53.6	★67.2	★51.2	**440.7**
广东	★88.7	54.1	★64.0	62.1	★54.7	62.7	★52.7	**439.0**
重庆	★86.0	★56.4	58.3	★65.6	52.6	61.6	49.0	**429.5**
江苏	80.6	54.9	58.6	63.1	51.7	63.0	★50.7	**422.6**
湖南	80.0	54.5	54.4	60.7	★59.7	62.7	48.7	**420.6**
黑龙江	77.3	53.6	46.2	★65.0	★58.2	★69.6	50.3	**420.1**
山东	79.6	55.4	59.7	★63.5	52.3	59.7	48.4	**418.5**
河南	78.0	★57.2	★59.7	61.4	51.9	58.4	50.4	**417.0**
天津	79.5	54.5	53.6	61.3	50.8	★64.6	50.2	**414.4**
湖北	★82.4	54.4	53.8	57.7	53.5	61.9	48.3	**412.0**
浙江	80.9	52.0	54.3	61.5	50.4	62.4	48.9	**410.5**
安徽	80.2	52.7	50.0	56.7	51.7	57.8	47.6	**396.8**
河北	73.3	55.7	50.6	59.7	47.5	59.7	47.1	**393.6**
福建	81.9	50.5	51.4	58.5	46.1	55.6	44.8	**388.9**
陕西	72.7	50.7	49.4	60.3	51.5	58.7	45.2	**388.5**
吉林	71.2	52.1	46.8	63.3	48.3	61.4	44.7	**387.7**
辽宁	74.1	52.4	49.5	57.9	49.2	53.1	45.3	**381.6**
贵州	72.7	50.4	39.3	59.1	51.2	58.2	45.4	**376.3**
广西	76.7	48.8	44.3	53.3	50.8	54.0	43.3	**371.1**
云南	70.7	50.5	38.7	60.3	49.2	57.3	43.1	**369.9**
山西	68.9	53.5	44.4	56.1	48.0	50.9	47.0	**368.7**
甘肃	69.8	50.4	39.9	54.9	52.0	51.8	44.0	**362.8**
海南	71.7	45.7	35.0	58.6	55.9	51.7	38.8	**357.4**
江西	72.5	47.3	42.0	50.3	47.6	50.2	45.7	**355.7**
青海	67.6	49.0	35.1	53.3	46.8	60.6	39.3	**351.7**
宁夏	61.4	44.2	34.9	53.6	45.5	52.4	39.7	**331.8**
内蒙古	58.2	44.2	26.9	46.2	41.9	45.6	34.6	**297.6**
新疆	53.8	40.8	27.5	50.1	42.6	44.7	34.5	**294.0**
西藏	64.1	32.9	22.0	37.3	29.0	23.1	23.9	**232.3**

注：数据根据国家统计局居民消费支出及本次调研数据计算得出

★ 为各标签排名前五的省份

03

行业格局

欣欣向荣，熠熠旭华

对比行业消费体验维度发现，各行业整体趋势一致，品牌维度不均衡性是各行业的共性问题，消费者对各行业品牌均存在认知度不高、推荐意愿较低的问题，各行业品牌建设任重而道远。

食品：

安全与质量仍是第一关切，品质与便捷成新需求

得益于中国经济的快速发展，国民生活水平的不断提升，中国食品消费规模也迎来了高速增长。健康、安全、质优、个性化、多元化的食品消费升级趋势，让基于消费大数据的“强科技”创新成为新一轮食品产业变革的增长机遇。

2019 年满意中国调查数据显示，食品烟酒行业在整体 7 个板块中表现较好，QCEI 得分位列第二位，仅低于医疗保健行业；满意度指数 CNCSI 为 81.3，与全行业均值持平。

在高质量发展与消费升级的阶段，要提高消费者的满意程度，需要有效识别消费者需求。本年度通过对食品烟酒行业的调查研究，结合消费者对于食品烟酒行业的认知情况，我们发现安全属性与健康属性是食品烟酒行业的显著特性。

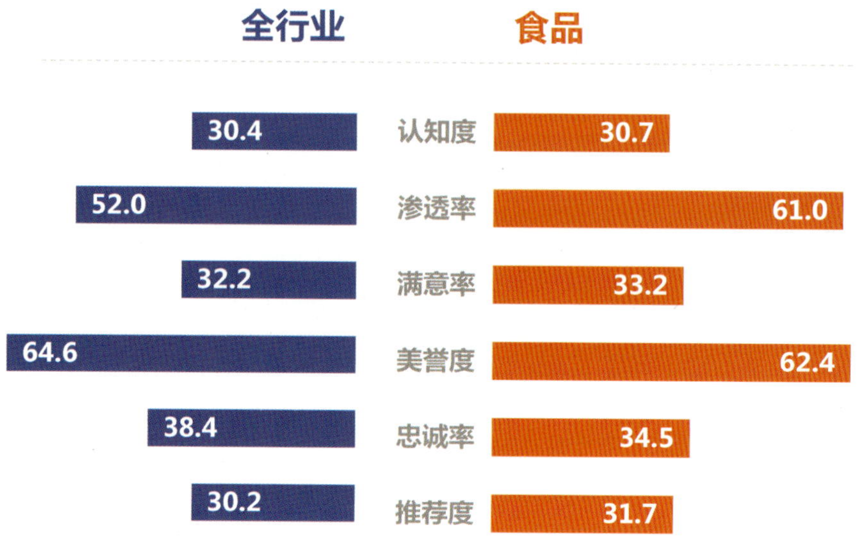

QCEI 6 个维度方面，食品烟酒行业相较于总体而言，4 项指标高于整体水平，4 项指标分别是：认知度、渗透率、满意率与推荐度。但是，食品烟酒行业的有效供给仍然难以满足消费者的需求升级。在食品烟酒行业 QCEI 的 6 个维度下进行分析发现，消费者满意程度相对较低。以渗透率至满意率的转化率为例，渗透率代表消费者在同类产品中顾客购买或使用本产品和服务的比例，是顾客从认知转化为实际购买的过程。渗透率到满意率的转化率意味产品或服务对于消费者需求的满足程度，二者差值为正向意味产品或服务满足消费者的需求，反之未能满足。食品烟酒行业的转化率为 –29.29，该结果意味食品烟酒行业产品或服务与消费者的需求存在一定的距离。相较于整体 –19.74 的转化率水平，食品烟酒行业的差距相对较大。随着食品市场的发展，越来越多的品牌进入消费者的视野，顾客有了更多的选择，且相对于其他品类，食品品牌的转换代价小、可替代性高，这对食品企业的发展提出了更高的要求。因此，食品烟酒行业应致力提高消费者的满意程度，满足人民日益增长的美好生活的需求。

安全为基本保障，健康引领发展方向

食品安全与商品质量是消费者的第一关切。随着国家对食品安全问题日益重视，不少商超便利店都建立起食品安全可追溯体系，消费者通过扫描二维码就可知道食品的检验检疫情况，吃得更放心了。

生活方式变革是影响食品行业变化的根本原因。食品行业是与消费者日常生活联系最为密切的行业，消费者日常生活方式的变化直接影响着食品行业的发展方向，这也是需求引导供给的直接表现。得益于改革开放和市场经济的红利，人们生活水平不断提高，生活方式不断升级。同时，生活方式的不断优化也是对满足人民日益增长的美好生活需要的有效回应。消费升级的趋势下，生活方式由满足基本温饱需求转向关注健康、关注品质的高层次需求满足的转变。这种生活方式观念的转变会直接影响到日常生活中的消费观念。

健康消费将成为提高人民健康水平、建立国民健康体系的基础性消费。健康是促进人的全面发展，提升劳动力质量，提高人民群众生存、生命舒适度和幸福度，保障经济社会持续发展的重要基础，这就决定了健康消费将成为基础性消费。

价格始终是消费者关注的重点，性价比高不高依然是核心考量。调查显示，大部分食品零售品类中，消费者对于性价比的关注度仅次于生产日期、配料说明和品质承诺。当前，食品零售电商省去店面租金成本，在价格上较大型连锁超市具有竞争优势，价格低了，买的消费者就多了，一些食品零售电商花大力气推出各类优惠减免活动，不断增加用户黏性。

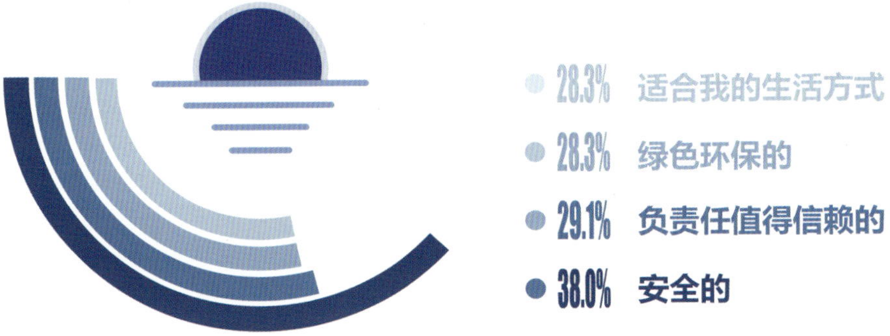

QCEI-top 品牌——食品行业

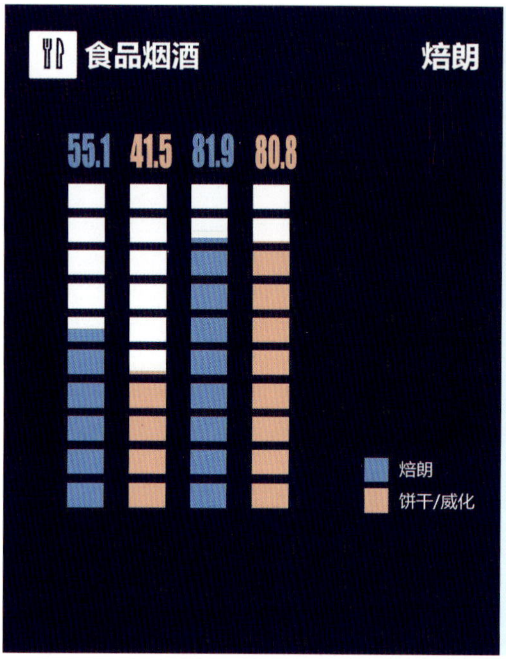

焙朗的 QCEI 指数位居全品类品牌的 top10%，QCEI 和 CNCSI 均高于饼干 / 威化品类水平。拥有七成以上的渗透率和八成以上的美誉度，认知—推荐转化率达到 24%。

兴趣关注：安全的、绿色环保的。

考虑因素：生产日期、配料说明、品质承诺。

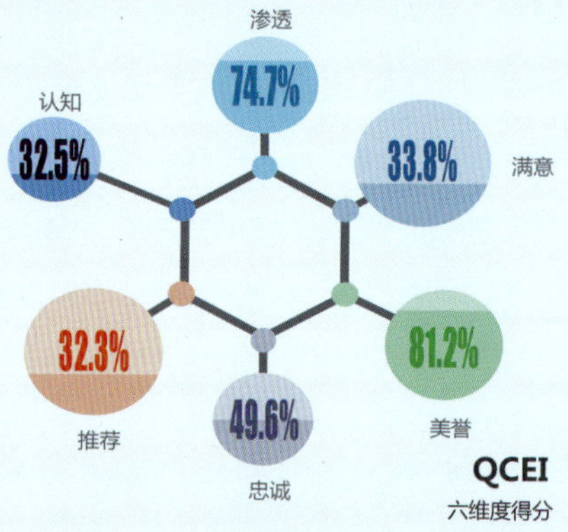

三只松鼠的 QCEI 指数位居全品类品牌的 top2%，QCEI 和 CNCSI 均明显高于干果 / 坚果 / 零食品类水平。拥有九成以上的渗透率和八成以上的美誉度，认知—推荐转化率达到 38%。

兴趣关注：安全的、绿色环保的。

考虑因素：生产日期、配料说明、品质稳定性、标准化程度。

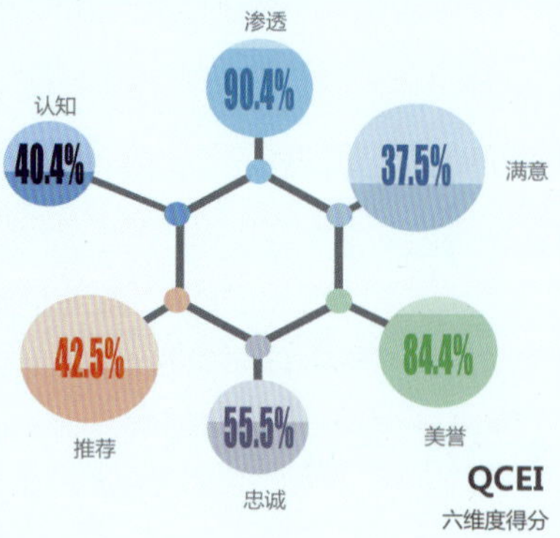

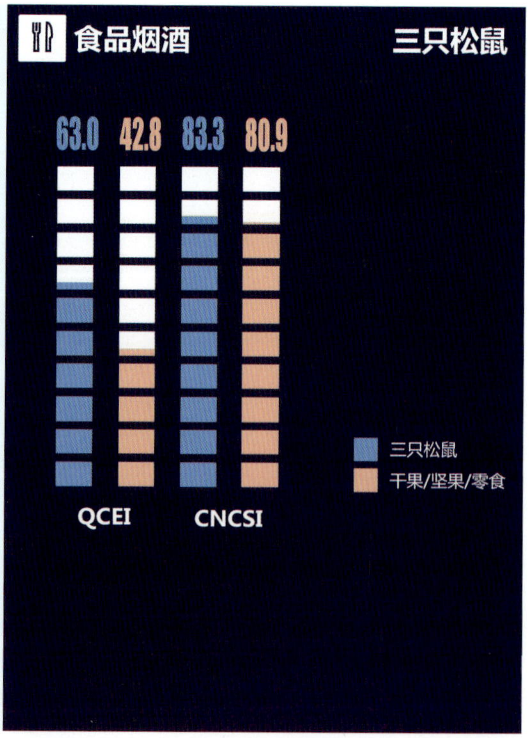

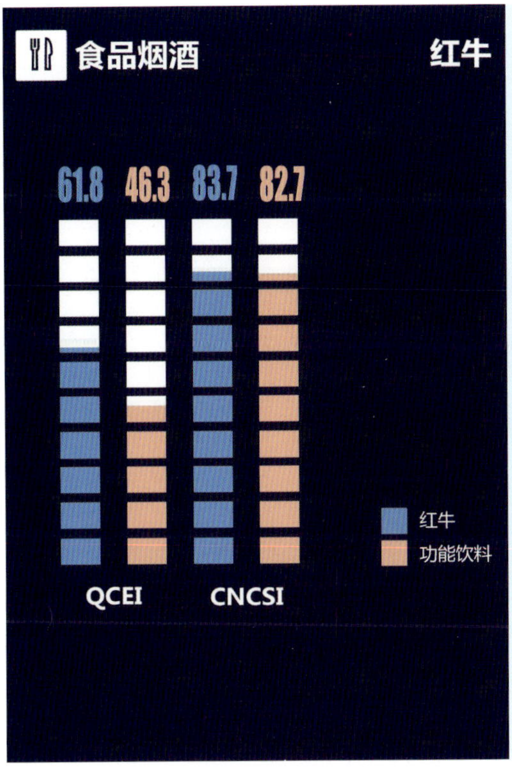

红牛的 QCEI 指数位居全品类品牌的 top3%，QCEI 和 CNCSI 均高于功能饮料品类水平。拥有五成以上的认知度和八成以上的渗透率，同时美誉度接近八成，忠诚率超过五成，认知—推荐转化率达到 32%。

兴趣关注：安全的、负责任值得信赖的、适合我的生活方式。

考虑因素：品质承诺、品质稳定性、标准化程度。

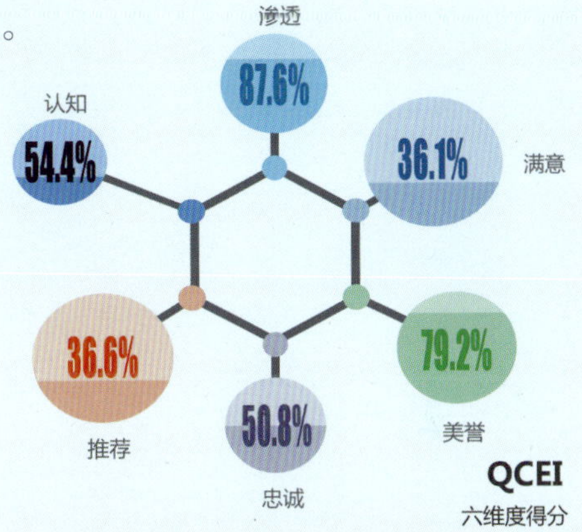

脉动的 QCEI 指数位居全品类品牌的 top4%，QCEI 和 CNCSI 均高于功能饮料品类水平。拥有八成以上的渗透率和美誉度，认知—推荐转化率达到 31%。

兴趣关注：安全的、负责任值得信赖的、适合我的生活方式。

考虑因素：品质承诺、品质稳定性、标准化程度。

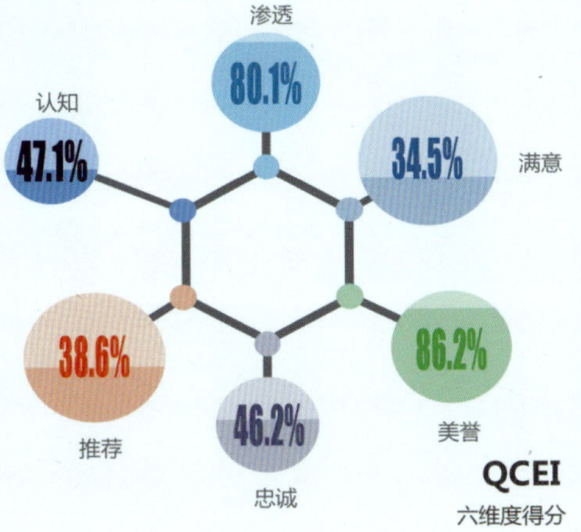

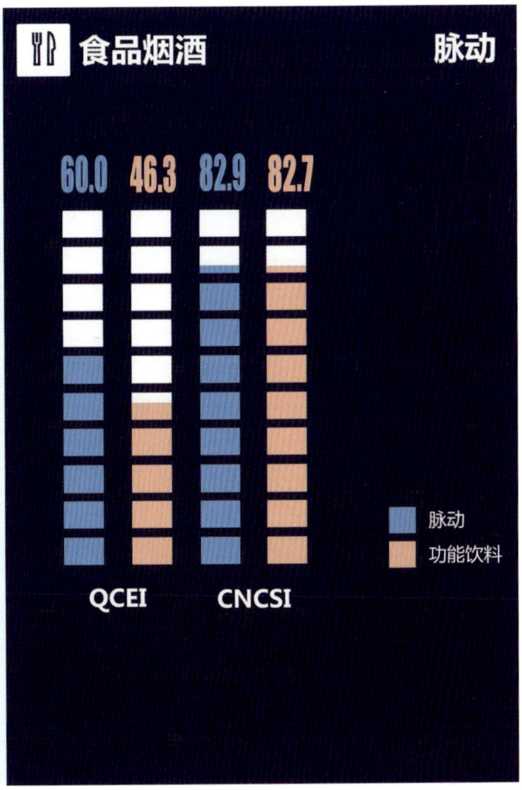

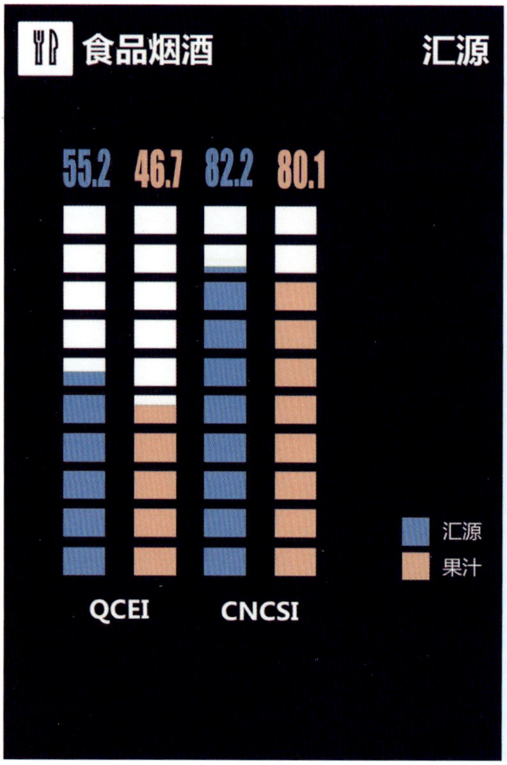

汇源的 QCEI 指数位居全品类品牌的 top9%，QCEI 和 CNCSI 均高于果汁品类水平。拥有七成以上的渗透率和美誉度，认知—推荐转化率达到 29%。

兴趣关注：安全的、绿色环保的。

考虑因素：生产日期、配料说明、品质承诺。

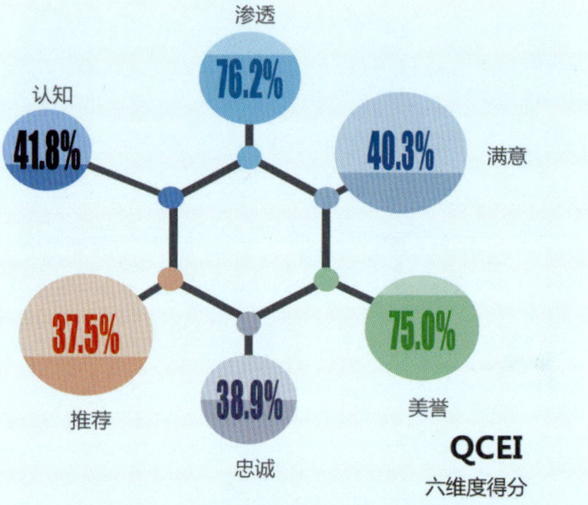

张裕的 QCEI 指数位居全品类品牌的 top8%，QCEI 和 CNCSI 均略高于红酒 / 葡萄酒品类水平。拥有七成以上的渗透率和美誉度，忠诚率超过五成，认知—推荐转化率达到 29%。

兴趣关注：高端上档次、安全的。

考虑因素：生产日期、配料说明、品质承诺。

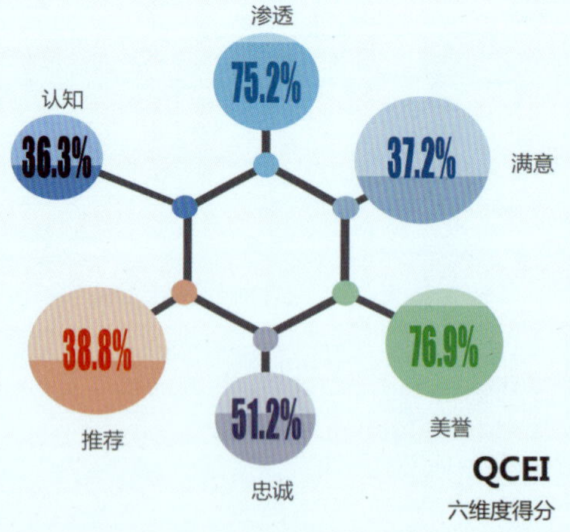

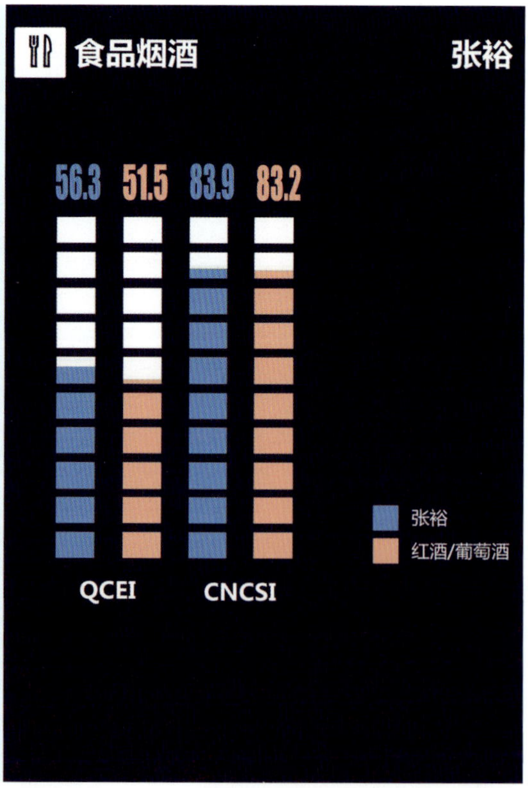

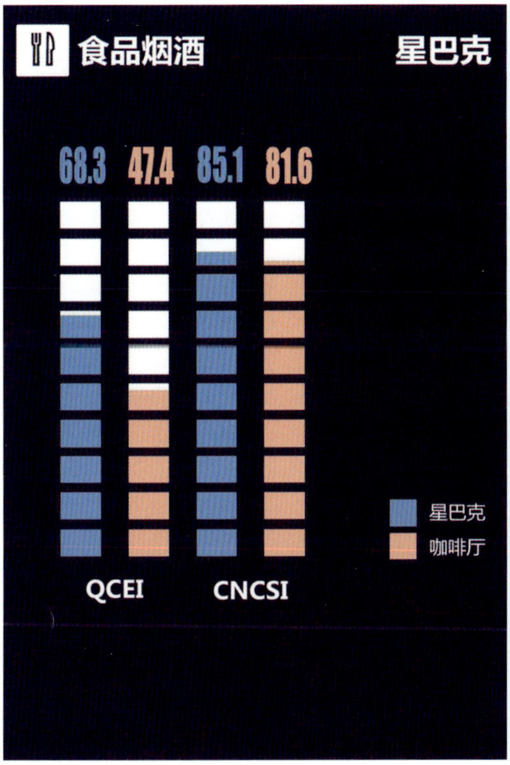

星巴克的 QCEI 指数位居全品类品牌的 top1%，QCEI 和 CNCSI 均明显高于咖啡厅品类水平。拥有九成以上的渗透率和美誉度，忠诚率超过七成，认知—推荐转化率达到 42%。

兴趣关注：高端上档次、适合我的生活方式。

考虑因素：品质稳定性、标准化程度、品质承诺。

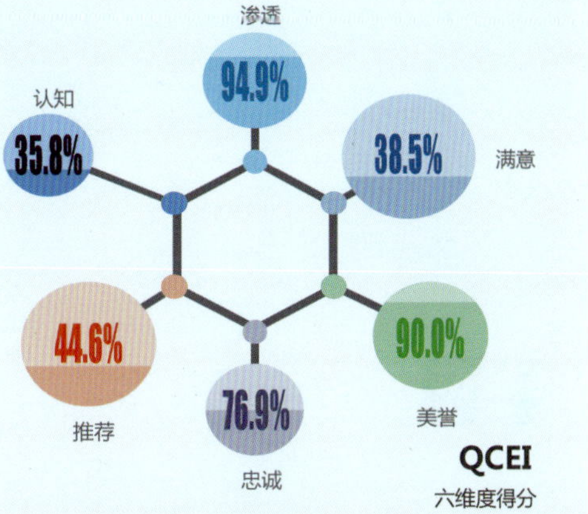

乐事的 QCEI 指数位居全品类品牌的 top2%，QCEI 和 CNCSI 均明显高于膨化食品品类水平。拥有五成以上的认知度和八成以上的渗透率，忠诚率和推荐度均超过五成，认知—推荐转化率达到 45%。

兴趣关注：安全的、适合我的生活方式。

考虑因素：生产日期、配料说明、性价比。

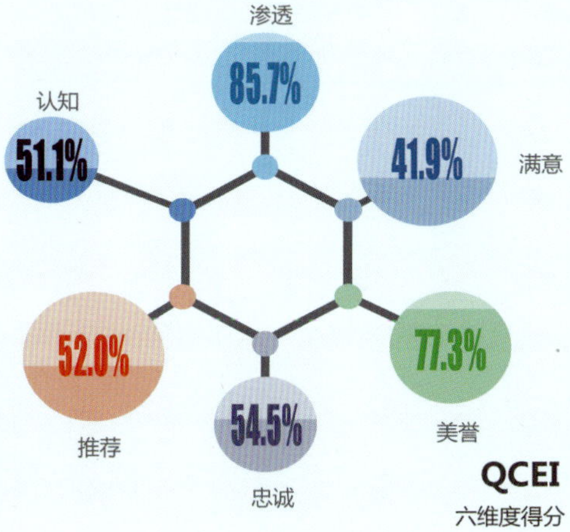

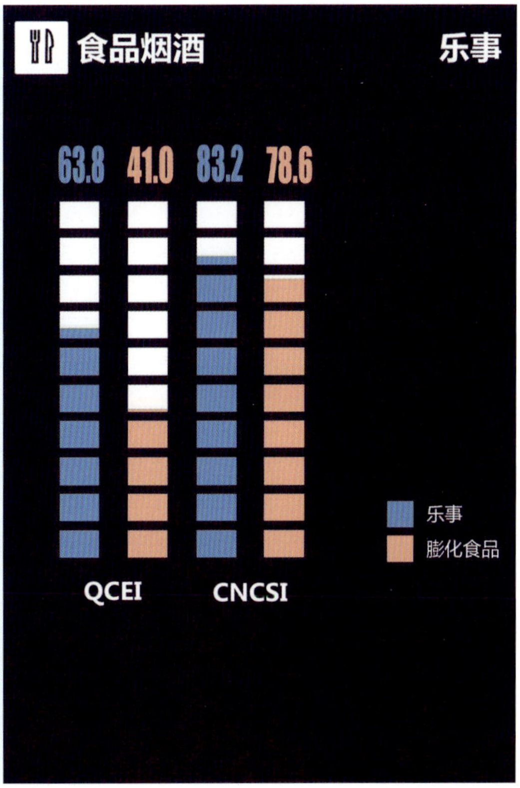

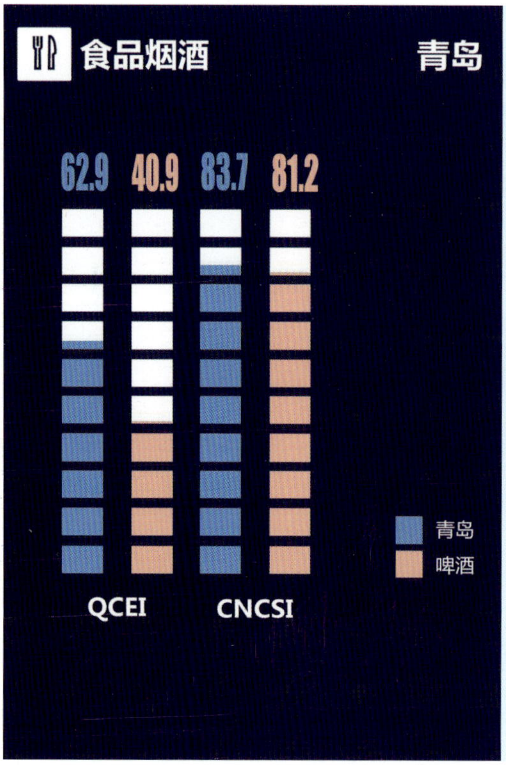

青岛的QCEI指数位居全品类品牌的top3%，QCEI和CNCSI均明显高于啤酒品类水平。拥有七成以上的认知度和八成以上的渗透率，美誉度接近八成，推荐度超过四成，认知—推荐转化率达到35%。

兴趣关注：安全的、适合我的生活方式。

考虑因素：品质承诺、生产日期、配料说明、性价比。

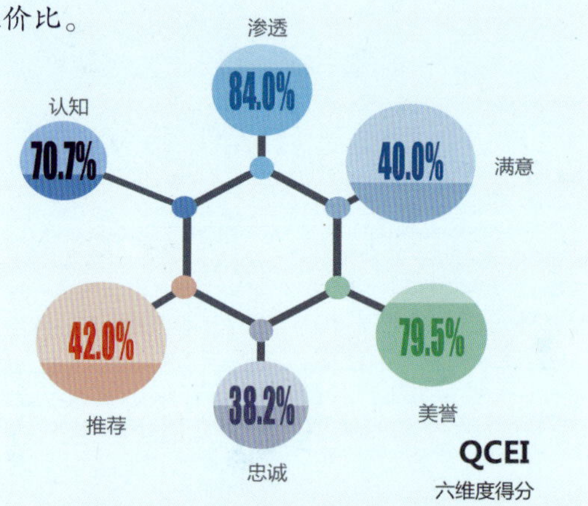

农夫山泉的QCEI指数位居全品类品牌的top1%，QCEI和CNCSI均明显高于瓶装水品类水平。拥有九成以上的渗透率和超过八成的美誉度，满意率超过四成，推荐度接近五成，认知—推荐转化率达到46%。

兴趣关注：安全的、绿色环保的。

考虑因素：品质承诺、品质稳定性、标准化程度。

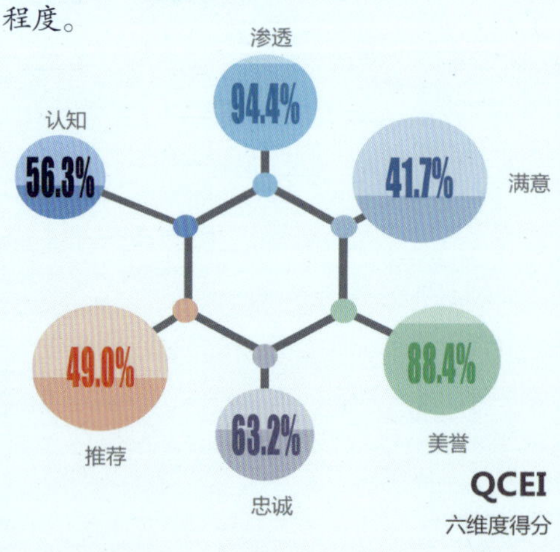

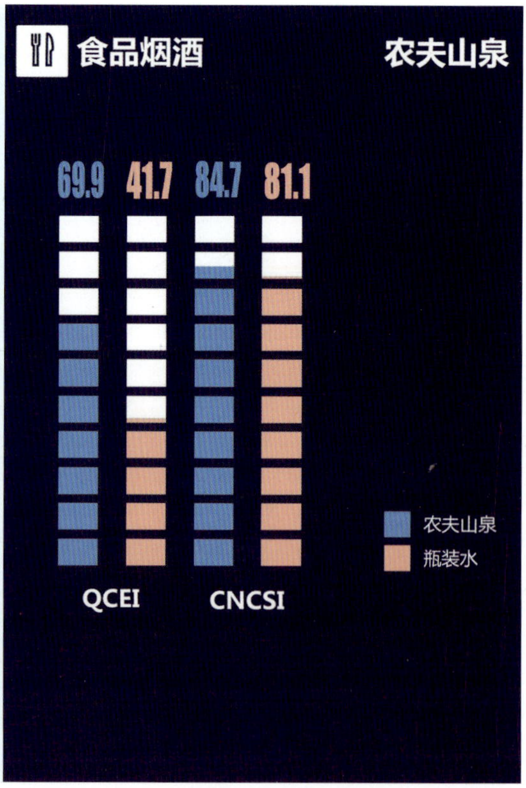

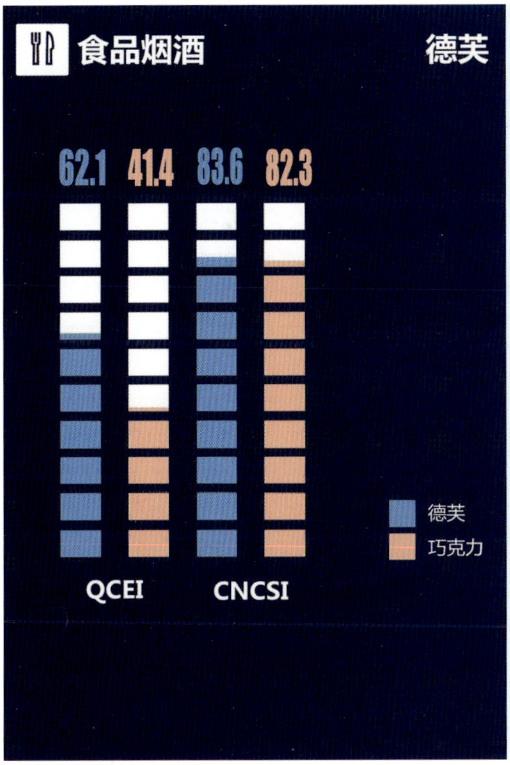

德芙的QCEI指数位居全品类品牌的top3%，QCEI和CNCSI均高于巧克力品类水平。拥有九成以上的渗透率和近八成的美誉度，忠诚率接近六成，认知—推荐转化率达到34%。

兴趣关注：安全的、精致的。

考虑因素：生产日期、配料说明、品质稳定性、标准化程度。

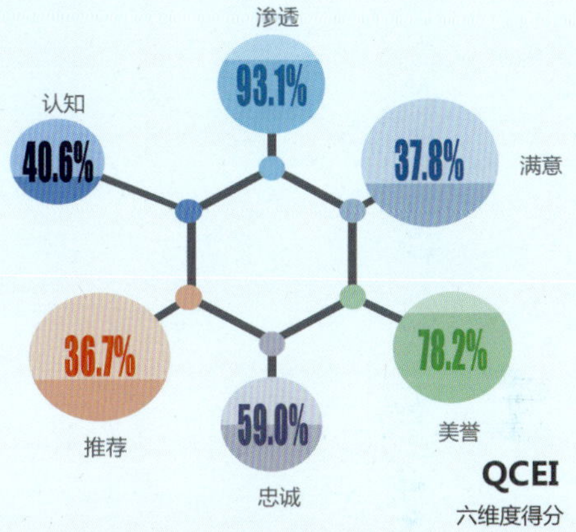

伊利优酸乳的QCEI指数位居全品类品牌的top6%，QCEI和CNCSI均略高于乳酸菌饮料品类水平。拥有八成以上的渗透率和超过七成的美誉度，推荐度超过五成，认知—推荐转化率达到42%。

兴趣关注：安全的、负责任值得信赖的。

考虑因素：生产日期、配料说明、品质承诺。

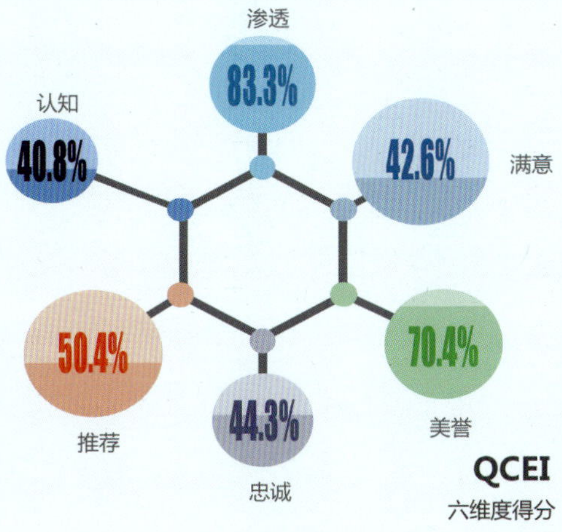

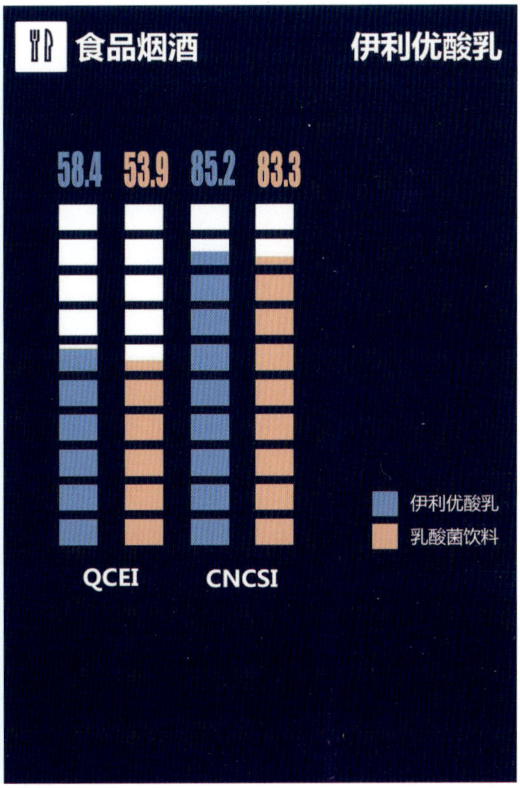

食品烟酒　君乐宝

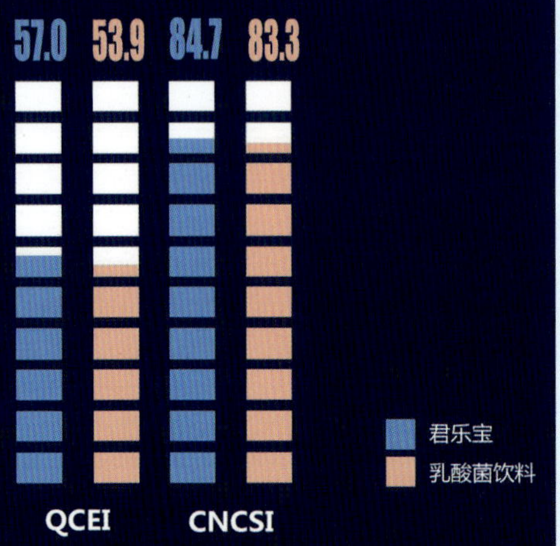

君乐宝的 QCEI 指数位居全品类品牌的 top7%，QCEI 和 CNCSI 均略高于乳酸菌饮料品类水平。拥有七成以上的渗透率和美誉度，推荐度接近五成，认知—推荐转化率达到 37%。

兴趣关注：安全的、负责任值得信赖的。

考虑因素：生产日期、配料说明、品质承诺。

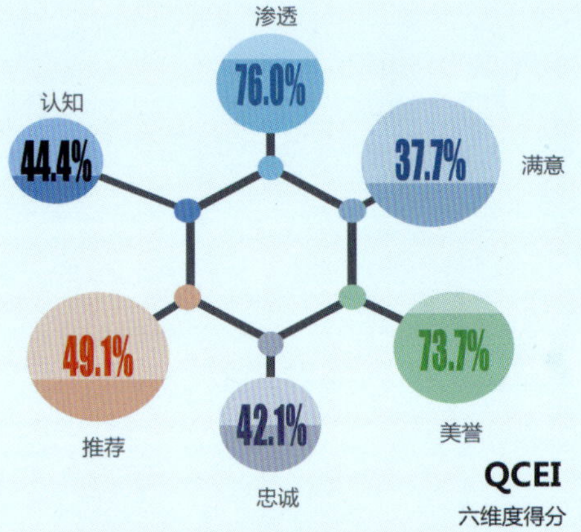

鲁花的 QCEI 指数位居全品类品牌的 top8%，QCEI 和 CNCSI 均明显高于食用油品类水平。拥有七成以上的渗透率和八成以上的美誉度，认知—推荐转化率达到 27%。

兴趣关注：安全的、绿色环保的。

考虑因素：生产日期、配料说明、品质承诺。

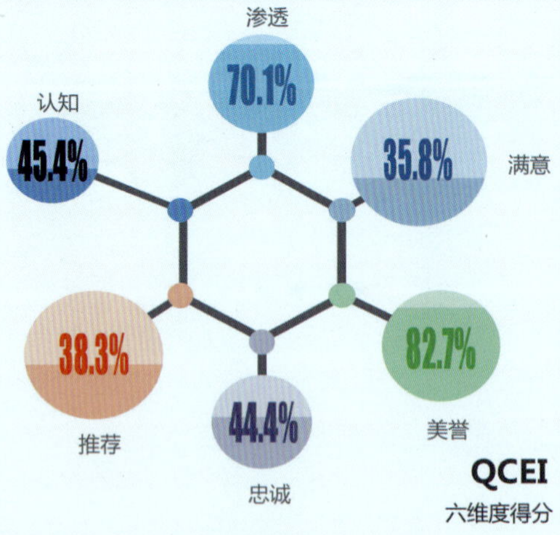

食品烟酒　鲁花

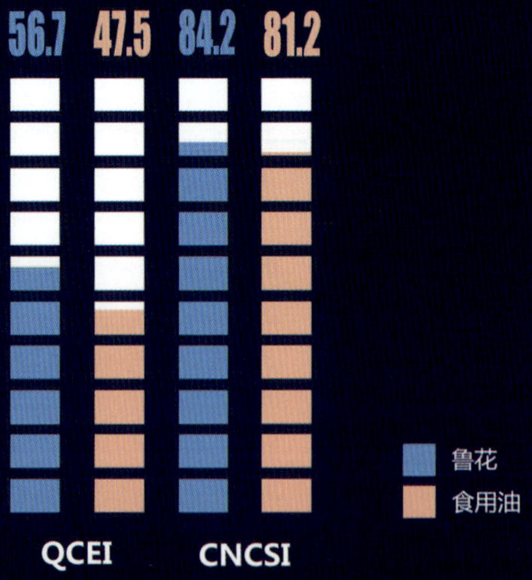

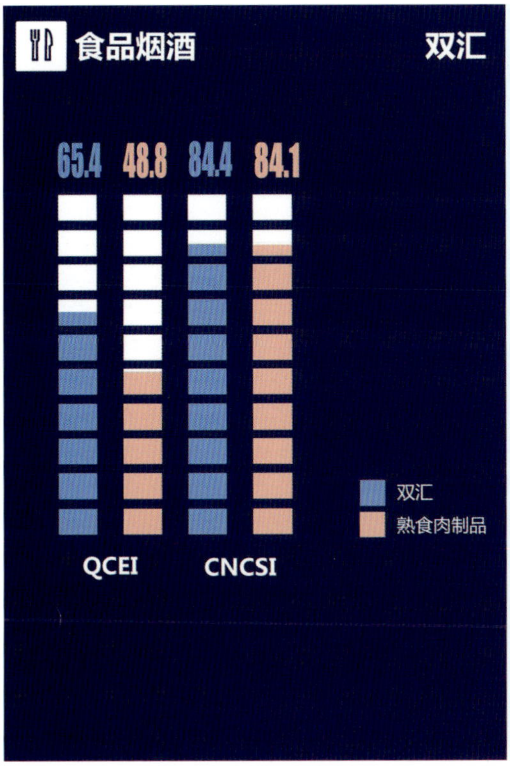

双汇的QCEI指数位居全品类品牌的top2%，QCEI和CNCSI均高于熟食肉制品品类水平。拥有九成以上的渗透率和八成以上的美誉度，忠诚率超过六成，推荐度超过五成，认知—推荐转化率达到47%。

兴趣关注：安全的、负责任值得信赖的。

考虑因素：生产日期、配料说明、品质承诺。

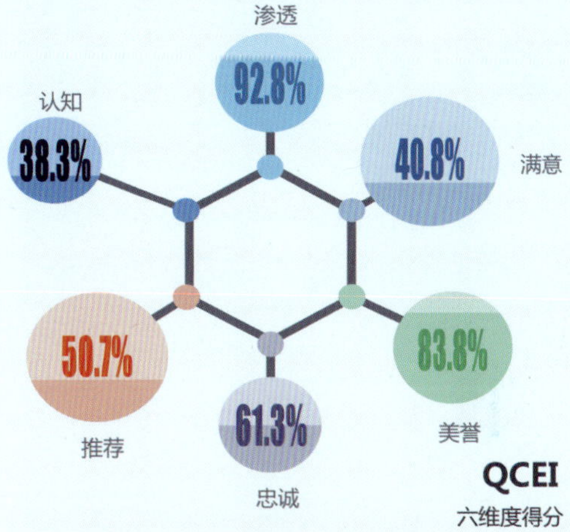

雀巢咖啡的QCEI指数位居全品类品牌的top1%，QCEI和CNCSI均明显高于速溶咖啡品类水平。拥有七成以上的认知度和九成以上的渗透率，忠诚率接近八成，认知—推荐转化率达到42%。

兴趣关注：适合我的生活方式。

考虑因素：生产日期、配料说明、性价比。

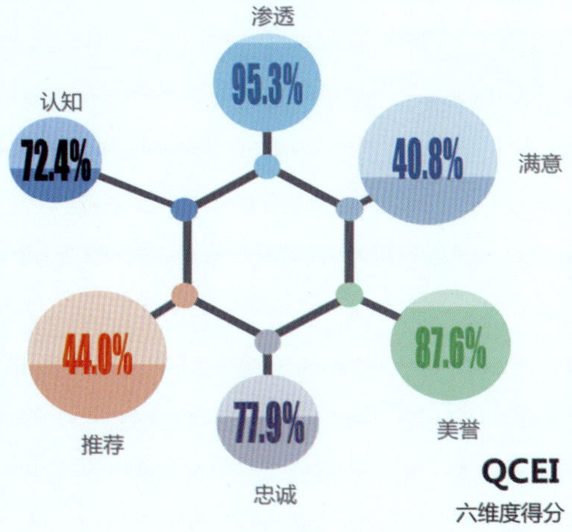

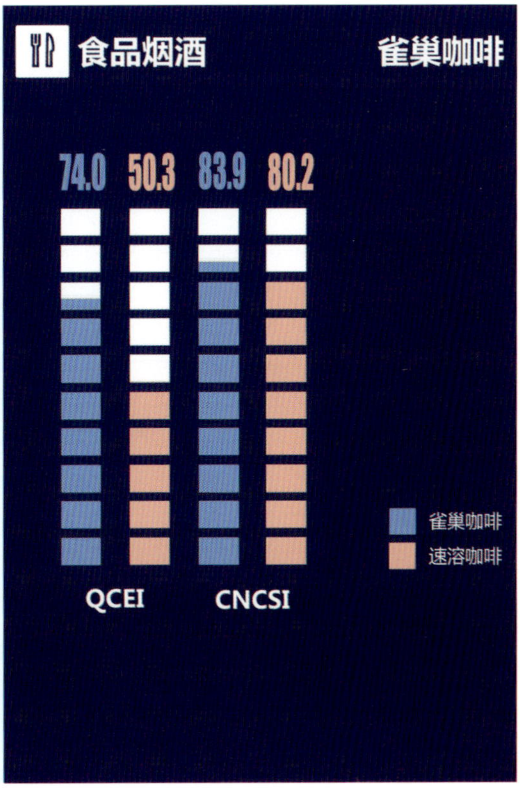

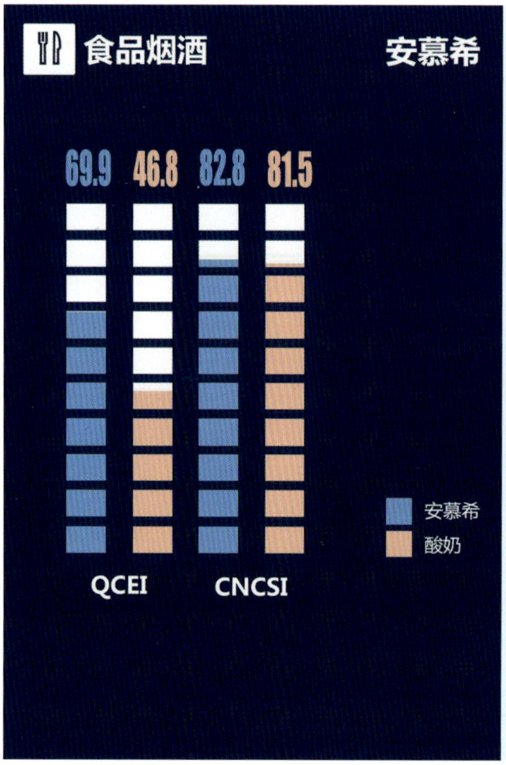

安慕希的QCEI指数位居全品类品牌的top1%，QCEI和CNCSI均高于酸奶品类水平。拥有接近九成的认知度、九成以上的渗透率和八成以上的美誉度，忠诚率超过五成，认知—推荐转化率达到33%。

兴趣关注：安全的、绿色环保的。

考虑因素：生产日期、配料说明、品质承诺。

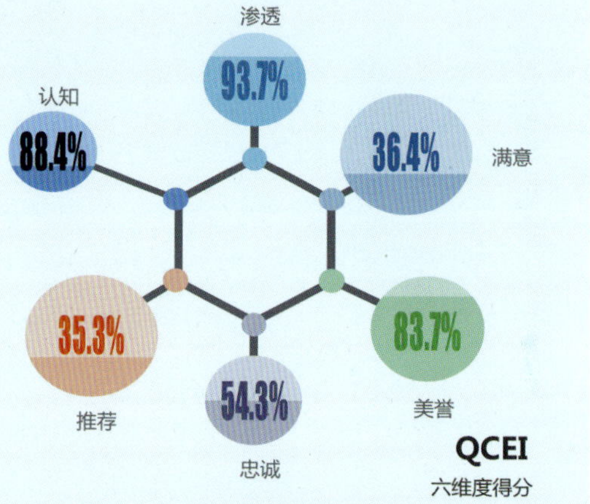

可口可乐的QCEI指数位居全品类品牌的top2%，QCEI和CNCSI均明显高于碳酸饮料品类水平。拥有六成以上的认知度和九成以上的渗透率，忠诚率达到五成，推荐度接近五成，认知—推荐转化率达到42%。

兴趣关注：适合我的生活方式、安全的。

考虑因素：生产日期、配料说明、品质承诺。

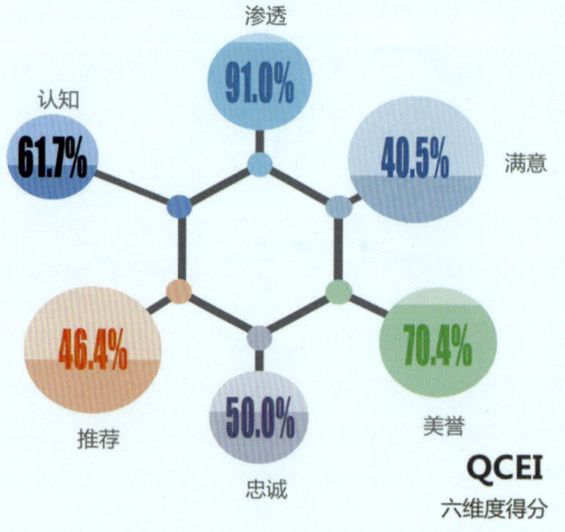

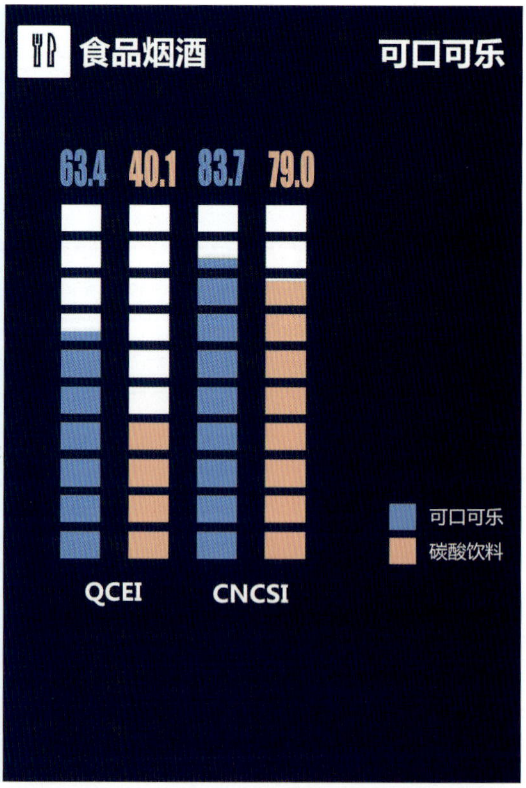

食品烟酒　麦当劳

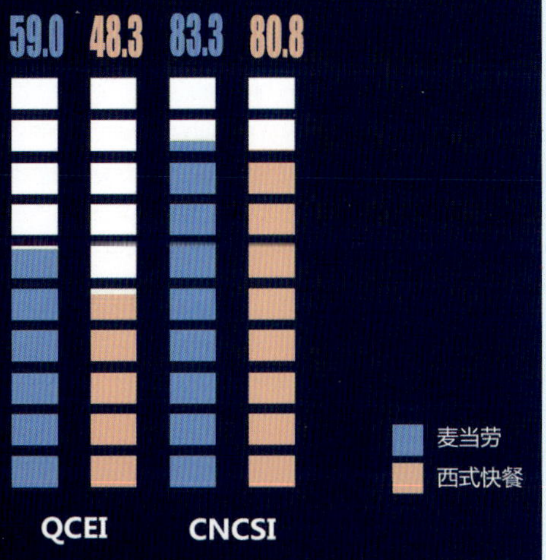

麦当劳的 QCEI 指数位居全品类品牌的 top5%，QCEI 和 CNCSI 均明显高于西式快餐品类水平。拥有近九成的渗透率和八成以上的美誉度，认知—推荐转化率达到 33%。

兴趣关注：适合我的生活方式、安全的。

考虑因素：可靠性 / 可信性、方便 / 便捷、人性化。

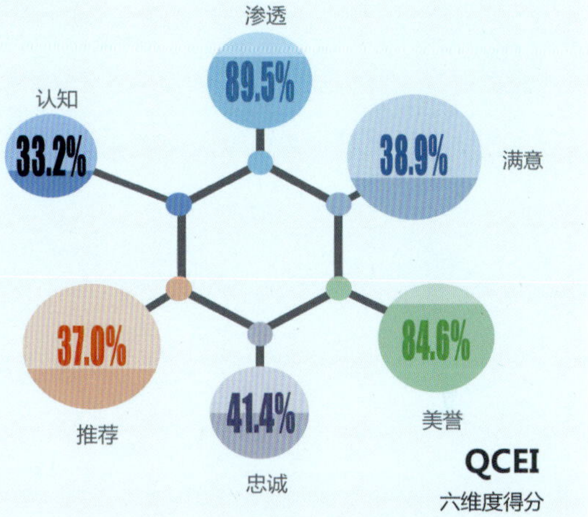

达美乐的 QCEI 指数位居全品类品牌的 top7%，QCEI 和 CNCSI 均明显高于西式快餐品类水平。拥有超过八成的美誉度和接近六成的忠诚率，认知—推荐转化率达到 26%。

兴趣关注：适合我的生活方式、安全的。

考虑因素：可靠性 / 可信性、方便 / 便捷、人性化。

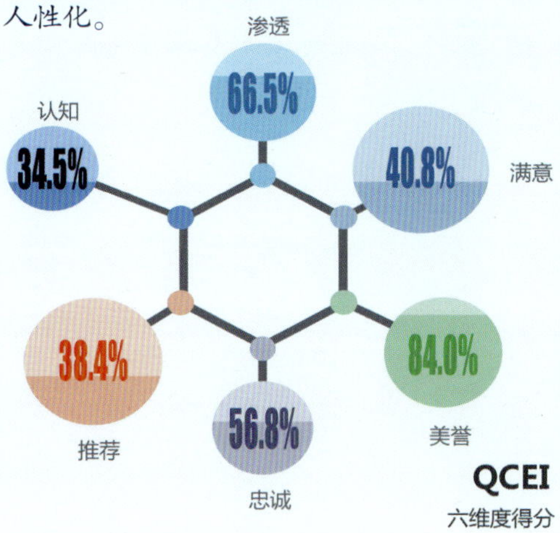

食品烟酒　达美乐

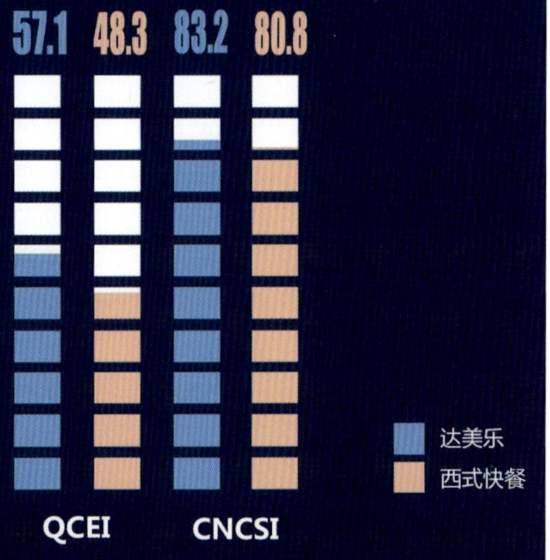

衣着行业：

品牌发展集中度低，产品竞争转向文化竞争

2019 年上半年，中国居民人均消费支出 10330 元，同比增长 5.2%，其中衣着消费支出 731 元，增长 3.0%，占人均消费支出的比重为 7.1%。随着人均消费支出的持续增加以及社会开放程度的不断加深，外国品牌纷纷进军中国抢占市场份额，同时中国本土衣着品牌亦在不断涌现，中国消费者的消费意识越来越高，更加倾向于选购品牌产品，并通过时装来表达自我品位和个性，无论城镇还是农村居民，用于服饰的消费均在不断增长。

2019 年衣着行业用户满意度指数 CNCSI 为 82.2，高于整个快速消费品领域的平均水平，与全行业相比也占有一定优势，基本达到消费者的期许。质量消费体验指数 QCEI 达到 44.2，略低于全行业水平，与快速消费品领域还存在一定差距。

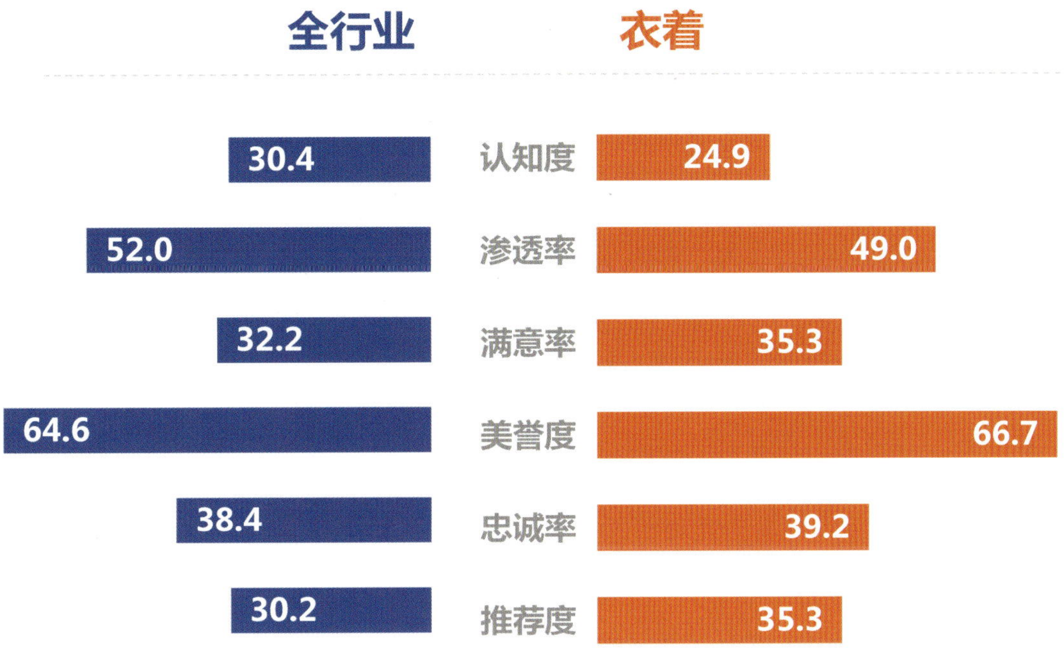

衣着行业的认知度、渗透率均低于行业均值。据中国服装品牌研究中心统计，我国目前有超过 1 万个服装品牌，市场集中度低，同时还不断有新兴品牌加入，国际品牌也在加速布局中国国内市场，种种因素导致市场竞争日趋激烈。近年来，服装消费升级趋势明显，消费者更加青睐高档商场、品牌旗舰店，对高档次服装需求增长迅速。在服装品牌方面，也开始了新一轮的品牌升级，注重时尚化、高品质，并推广品牌文化，从产品竞争转向文化的竞争。

随着国内与国外品牌纷至沓来，品牌也不断进行着更新迭代，使得消费者对衣着行业的了解程度不高，并限制了进一步购买的可能性，衣着行业出现了低认知与低渗透并行的现状。然而消费者一旦发生购买行为，衣着行业的高竞争性与高成熟度所体现的质量将得到充分发挥，产品的质与品都能够很好地彰显消费者的需求，所以该行业特点往往展现在与品牌产生交互的同时出现较强的品牌依赖性，成为品牌的拥趸与传播者。

时尚与生活并举，人性与个性兼顾

衣着行业是我国传统支柱产业之一，在国民经济中处于重要地位。近年来，服装消费已经从单一的遮体避寒的温饱型消费需求转向时尚、文化、品牌、形象的消费潮流，行业面临转型压力，我国服装产业规模增速不断下降，但中国巨大的市场内需已经成为国内服装行业平稳增长的主要动力来源。随着人均可支配收入的持续增加和社会开放程度的不断提升，无论城镇还是农村居民，用于服装的消费仍在不断增长。

消费人群年轻化个性化愈加明显。中国已经逐渐成为全球最大的服装消费市场之一，而以 90 后、00 后为代表的新中产，正成为时代的消费主力，吃饱穿暖已不是这代消费者的消费需求。以海澜之家为首的国产鞋服品牌纷纷向年轻消费者靠拢，LV、Chanel、GUCCI 等奢侈品牌也在 2017 年向流量低头，并开始使用中国千禧一代热爱追捧的代言人。如上这一切都为服装企业的品牌重塑、新生提供了良好的机遇。品牌应更重视数据分析以追踪消费者喜好，对自己的设计作出调整，增加个性化体验。

新的消费形态正在逐渐形成。服装业从商品时代回归产品时代，商品性价比将进入一个极致的时代。消费者不再为过多的溢价买单，更愿意为爱好和兴趣买单。当价格不再是决定购买与否的首要标准，即消费者越来越理性，也代表着消费升级已经在发生。生存型消费需求转变为改善型需求，物质型消费向服务型消费转变，新的消费形态也悄然形成。

衣着行业重点品类质量消费体验六维度长 / 短板分析

童装与童鞋在衣着行业的品牌认知程度不佳，在被调查的受众群体中往往已经婚育的家庭才能更好地了解相关的品牌。由于国内童装市场存在品牌集中度高、发展两极化现象明显的特点，所以消费者在认知的品牌中发生购买行为的比例要远高于衣着行业水平。调查显示童装与童鞋行业，消费者更加关注产品的安全性与品牌诚信，当品牌能够与消费者的理念相契合，消费者将不吝于展现其心理的满意状态与多次购买、推荐购买的忠诚行为。

服装市场一直是由女装为主导的行业，女性爱美的天性使得其在行业中的地位不可动摇。女装、女鞋等衣着品牌与款式的多元化推动了时装的发展。随着女性教育程度普遍提升、女性就业比例的提高和社会地位不断提升，表现为女性经济上的独立性、在家庭中的话语权、在消费上的决定权不断提升，消费需求也随之不断升级，无论是服装还是配饰都迎来了新机遇。

在 2019 年顾客质量消费体验调查中，快时尚服饰品牌在认知度与渗透率上均有不俗的表现，具备上新品速度快、平价和紧跟时尚潮流的快时尚服装一直走在时代的前沿，快时尚服装迎合了没有很高消费能力的年轻人，找到了奢侈品消费人群之外的大众用户。但与高认知度相对应的是，快时尚品牌壁垒较低，品牌产品存在较高模仿性，很难一直留住消费者的脚步，使得用户的忠诚率与推荐度不佳，品牌更换频繁。值得关注的是，日系快时尚服饰品牌在顾客质量消费体验上表现亮眼，作为一个时尚之都，日本在快时尚界有着举足轻重的地位，以 UNIQLO 优衣库和 MUJI 无印良品为代表的日系快时尚品牌在年轻群体中已经形成了良好的口碑效应。

QCEI-top 品牌——衣着行业

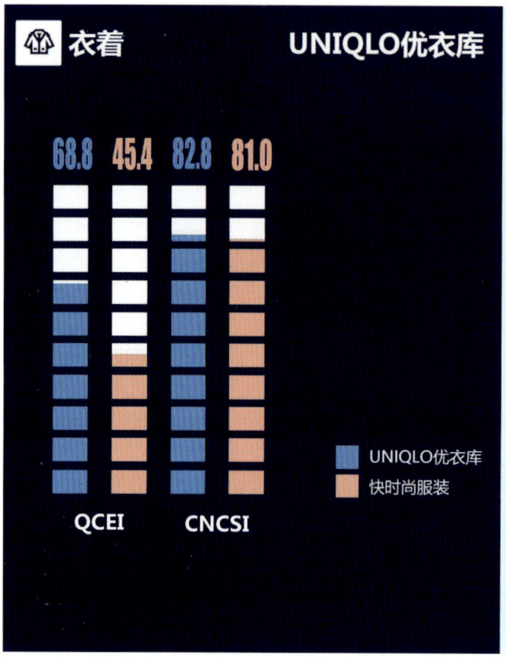

优衣库的QCEI指数位居全品类品牌的top1%，QCEI明显高于快时尚服装品类，满意率则与品类水平较为接近。拥有超过八成的认知度、渗透率和美誉度，忠诚率超过六成，认知—推荐转化率达到33%。

兴趣关注：时尚的、独特的／有个性的、适合我的生活方式。

考虑因素：性价比、品质承诺。

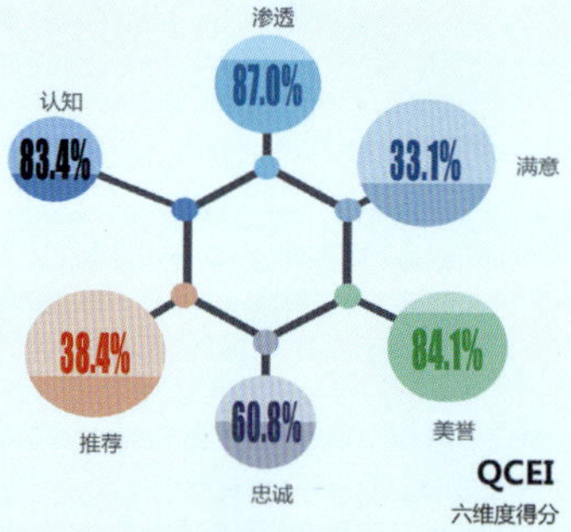

Skechers斯凯奇的QCEI指数位居全品类品牌的top10%，QCEI和CNCSI均高于童鞋品类水平。拥有超过六成的渗透率和超过七成的美誉度，推荐度超过五成，认知—推荐转化率达到32%。

兴趣关注：安全的、负责任值得信赖的。

考虑因素：品质稳定性、标准化程度、品质承诺。

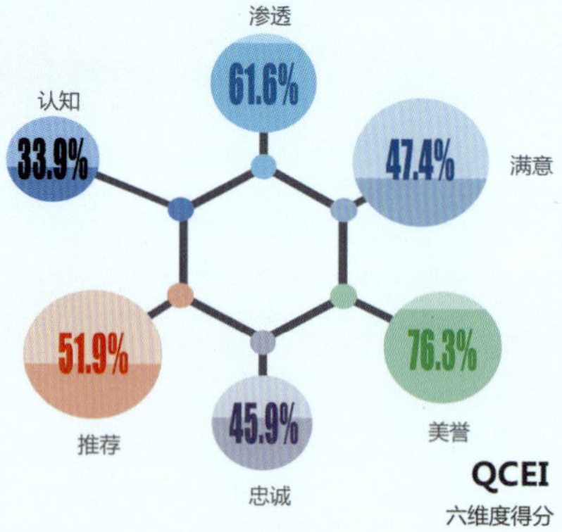

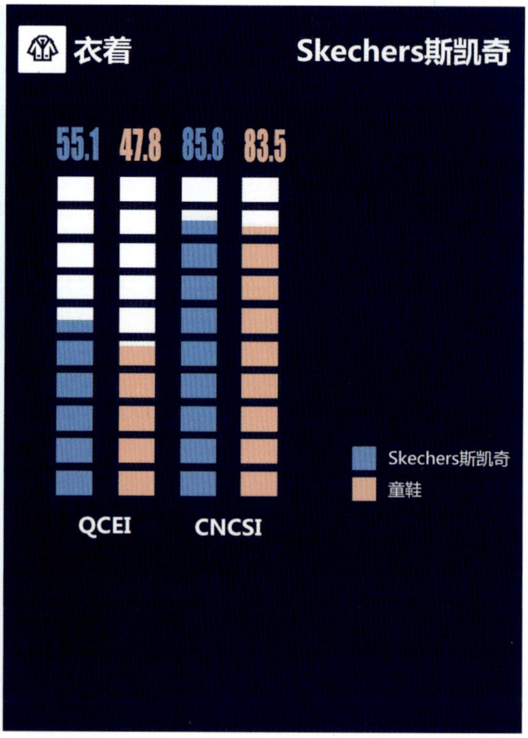

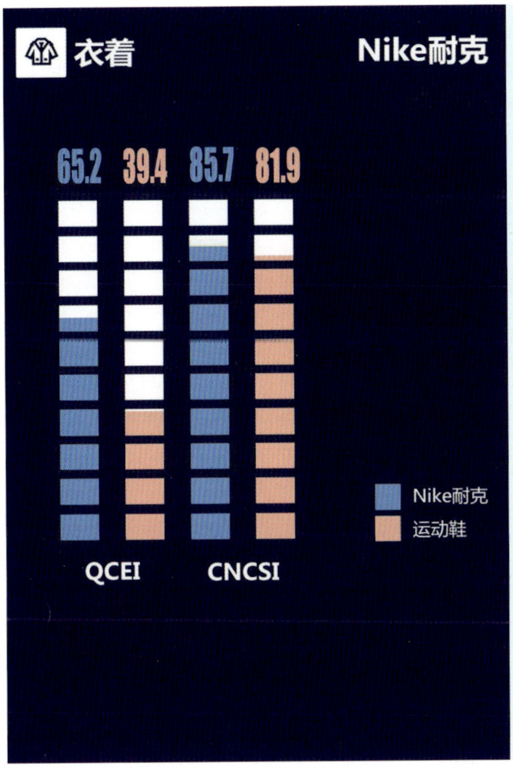

Nike 耐克的 QCEI 指数位居全品类品牌的 top2%，QCEI 和 CNCSI 均明显高于运动鞋品类水平。拥有超过七成的认知度、渗透率和八成以上的美誉度，推荐度超过五成，认知—推荐转化率达到 38%。

兴趣关注：时尚的、适合我的生活方式。

考虑因素：品质承诺、品质稳定性，标准化程度。

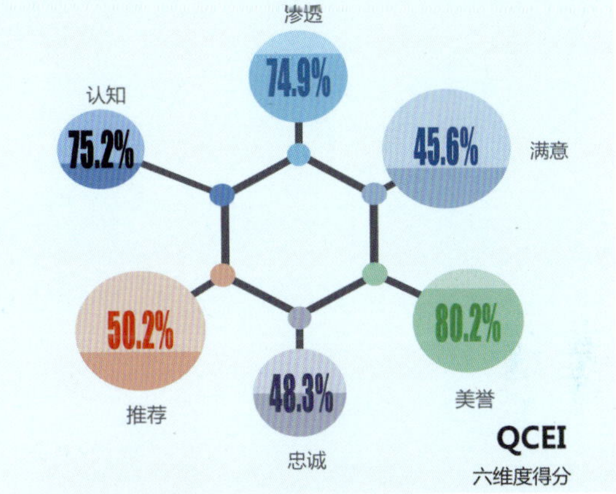

阿迪达斯的 QCEI 指数位居全品类品牌的 top2%，QCEI 和 CNCSI 均明显高于运动装品类水平。拥有超过六成的认知度、超七成的渗透率和八成以上的美誉度，推荐度超过五成，认知—推荐转化率达到 39%。

兴趣关注：时尚的、适合我的生活方式。

考虑因素：品质承诺、性价比。

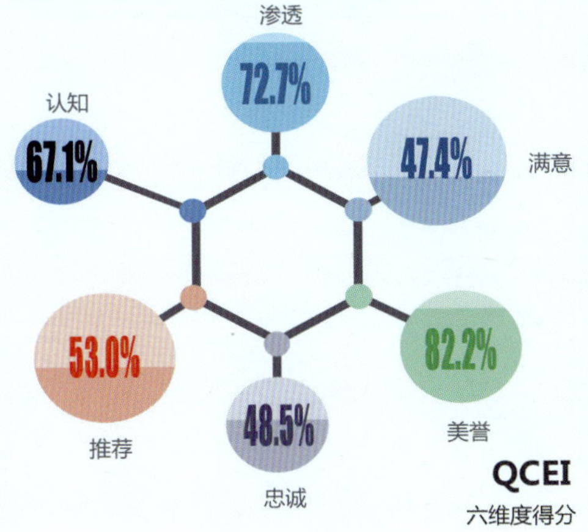

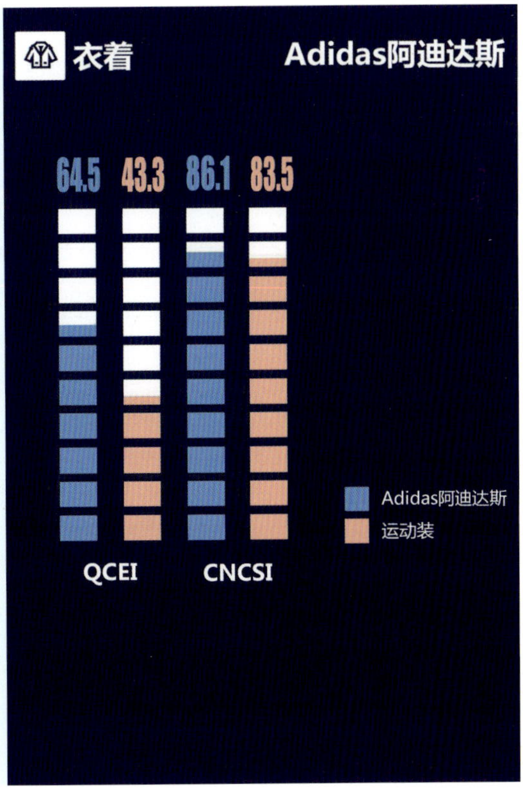

生活用品及服务：

品质消费，成就美好生活中的小幸福

生活用品包括家庭日用品、家居家电等细分行业，我国人口众多，随着人民生活水平的不断提高，市场需求有不断上升的趋势，市场容量巨大。

伴随着经济发展和技术创新，人们的生活方式和消费方式都发生了巨大转变，用户的主观消费意识不断崛起，伴随而来的是对消费体验的感知也在不断变化，尤其在与生活息息相关的生活用品及服务行业，人类对传统生活消费品的需求已经完成了从“基本功能性保障”向“高颜值”“智能化”“绿色环保”“人性化”更高层次的转变进程。

总体上，生活用品及服务行业质量消费体验不佳，QCEI 低于行业均值，但满意度指数稍高于全行业均值。

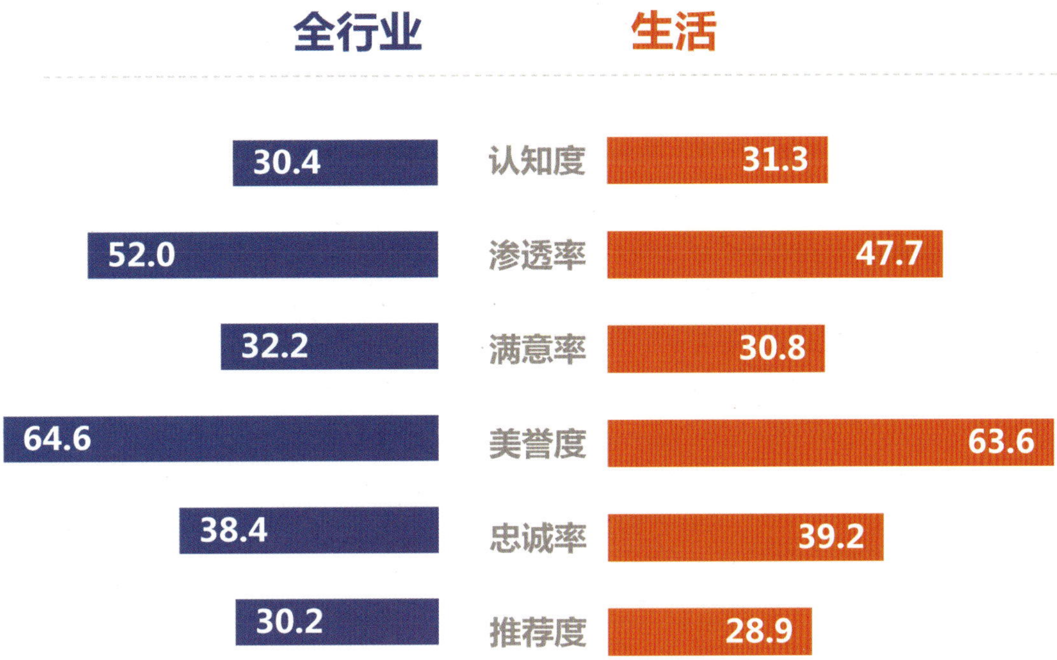

除品牌认知度和忠诚率外，其余维度均低于行业均值。近年来国人消费理念正在悄然发生变化，消费体验逐渐成为消费者刚性需求，消费者也越来越看重精品百货和创新性百货产品。

家庭日用品具有产品单价低、单位利润小、消费面广、消费频度高、便利性强等特点，消费者一般习惯性地就近购买，故而很容易受到卖场气氛的影响，品牌忠诚率不高。产品壁垒较低，用户容易在同类产品中转换不同的品牌，因此日用品将是未来竞争最激烈的行业之一。

近年来，人们的消费模式同样发生了变化，全屋定制整装的概念已经深入人心，越来越多的消费者不想在家居的购买上花费太多时间，这也促进了一站式购物的发展，家居和家电行业从一开始的各行其道，已经逐渐开始走向融合；另一方面，消费者购买逻辑也发生了变化，主要表现为消费场景的碎片化以及从产品需求到功能主张、美学搭配的转变。消费者端“一站式购齐”和“拎包入住”的市场需求，倒逼企业作出相应改变。

颜值即正义——美妆行业消费评价

2019 年美妆行业中，男士护肤品、彩妆、女士护肤品各品类较同期 QCEI 未发生显著变化，但品牌之间的体验得分差距却有增大的趋势，排在前列的品牌继续扩大了领先优势。国产品牌与欧美日国际大牌的差距在缩小，个别国产品牌依靠跨界合作、流量明星的带货效应在 2019 年迅速爆红，使得认知度和渗透率加速提升，但是用户体验更依赖于产品的品质与口碑，个别爆款的出现未能撼动欧美日品牌在护肤行业的霸主地位。

男士化妆品质量消费评价高于化妆品行业的整体情况，在三大类别中排名第一。其次是彩妆和女士护肤品。“他”经济时代已悄然来临，男性在个人护理用品方面的消费虽然日益增长，但是消费品牌还是比较集中在大众品牌上，欧莱雅、阿迪达斯、曼秀雷敦表现比较突出。“爱美”男士跟比较成熟的女性消费者相比，更倾向于关注“品牌”和“功能性”，而女性消费者更多是关注“品质”和“使用方法”。

化妆品行业QCEI

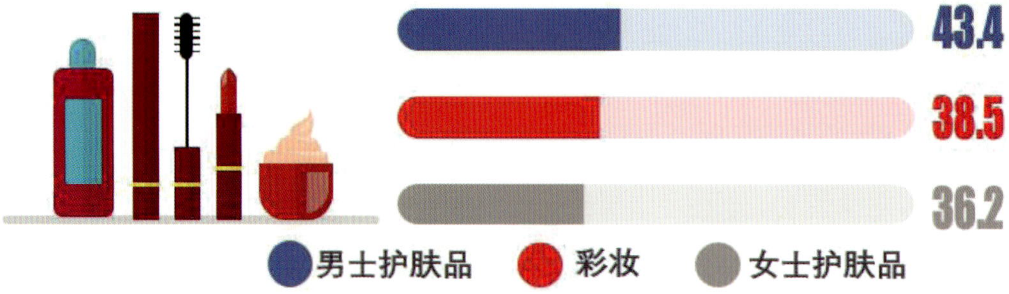

国际品牌依旧强势，国产品牌主打创新

女士护肤品：2019 年美国品牌表现强势，雅诗兰黛和玉兰油分列高端和大众女士护肤品质量消费体验指数的首位。国产品牌依托跨界合作和短视频网络等营销手段，获得了相当可观的流量，消费者的体验指数超越韩国品牌，但与美国、法国、日本女性护肤品仍有一定的差距。大众品牌TOP5分别为玉兰油、巴黎欧莱雅、百雀羚、欧珀莱和水密码，值得注意的是国产品牌有百雀羚和水密码两品牌进入榜单。高端品牌 TOP5 分别为雅诗兰黛、海蓝之谜、兰蔻、SKII 和资生堂，美国和日本各有两家品牌入围。在颜值当道的时代，女性护肤品消费人群也逐步低龄化，国产品牌能够快速吸引年青一代，百雀羚的渗透率在全部 32 个女性护肤品牌中排名第一。国货产品今后要依托口碑传播和产品创新来赢得更多用户的心。

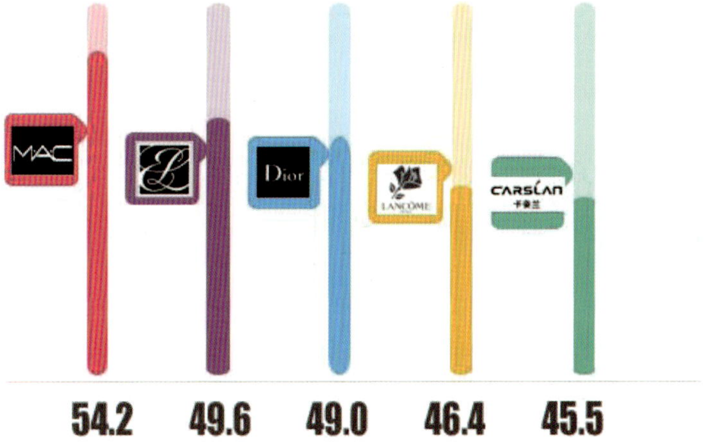

QCEI 彩妆品类 TOP5

彩妆：MAC(魅可) 以打造专业彩妆进入中国市场，接近于开架产品的价格依然提供了不输高端大牌的产品质量和服务体验，所以彩妆品牌表现强劲，既实现了高性价比产品的高认知度和强渗透率，也赢得了品类内领先的美誉度、忠诚率和推荐度。MAC 全线开花，一举超过传统美妆国际大牌雅诗兰黛、迪奥和香奈儿；QCEI 拿下彩妆类第一名。国产品牌卡姿兰同样表现不俗，可以在众多国际巨头聚集的彩妆品类脱颖而出排名第五实属不易，这得益于多年来卡姿兰品牌深耕于产品研发和品牌培育，近两年更是把握精准营销，使得产品的美誉度和忠诚率不输国际一线欧美品牌。

越小越精神，贵得有道理——家电行业消费评价

家用小电器、厨房电器、传统大件的 QCEI 依次降低。传统大件包括冰箱、洗衣机、电视和空调；厨卫家电包括油烟机、微波炉、燃气灶、燃气热水器和电热水器；家用小电器包括电风扇、空气净化器、加湿器、吸尘器、电磁炉、电饭煲、豆浆机和榨汁机。

对于家电中比较成熟的品类比如传统大件电器，消费者的需求已经从关注产品核心功能延伸至便利、社交、娱乐互动等场景上。现阶段对于满足精神层面的这些需求，大部分企业尚处于起步阶段，还不能充分满足此类需求，因此对于传统大件家电的体验在所有电器中排名落后。

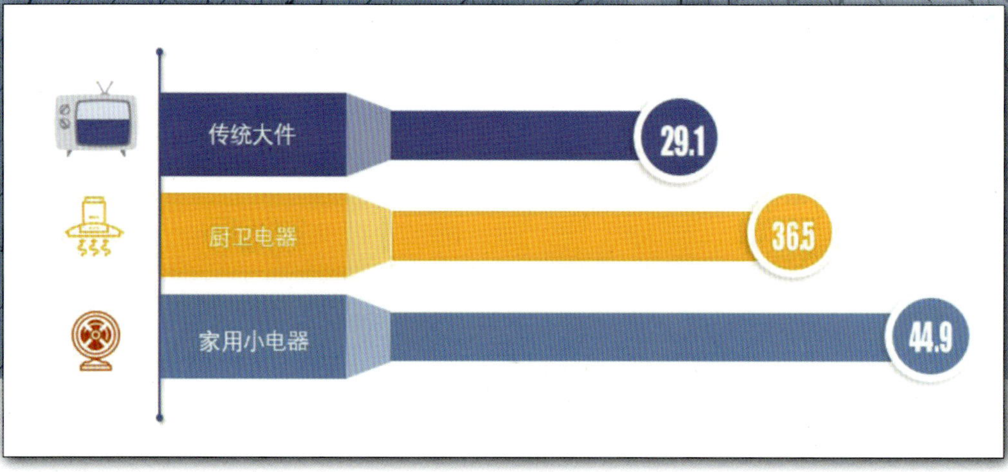

家电行业 QCEI

高端品牌的满意率和忠诚率表现突出，主要原因是这些产品能够帮助消费者实现身份需求的表达，并进一步提升他们对品质生活的追求或改善他们的生活方式。随着不断壮大的中产阶级持续购买更高端、更环保、更健康的产品，高端产品保持了满意和忠诚双增长的态势。但这类品牌因为受到消费群体的限制，在认知度和渗透率方面比较低。

消费者对健康的关注，驱动家电行业呈现“绿色安全”导向的消费升级。享用新鲜的食物、纯净的饮用水、无菌的衣物、清新的空气成为广大消费者新的生活追求。

QCEI-top 品牌——生活行业

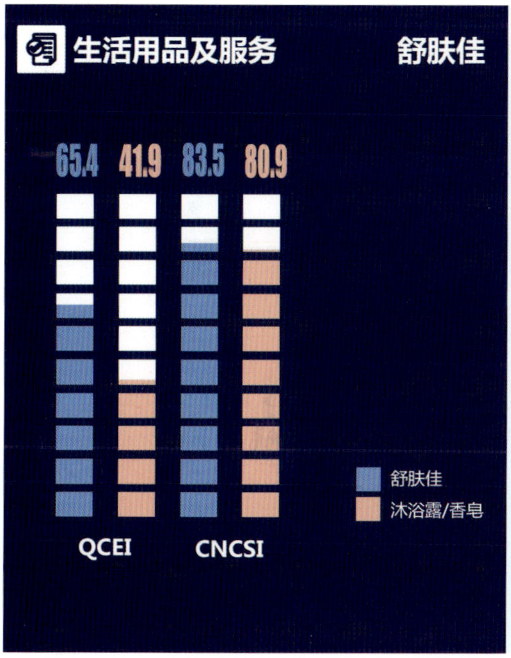

舒肤佳的 QCEI 指数位居全品类品牌的 top2%，QCEI 和 CNCSI 均明显高于沐浴露 / 香皂品类水平。拥有超过九成的渗透率和超过八成的美誉度，忠诚率超过六成，认知—推荐转化率达到 33%。

兴趣关注：安全的、适合我的生活方式。

考虑因素：性价比、品质稳定性、标准化程度。

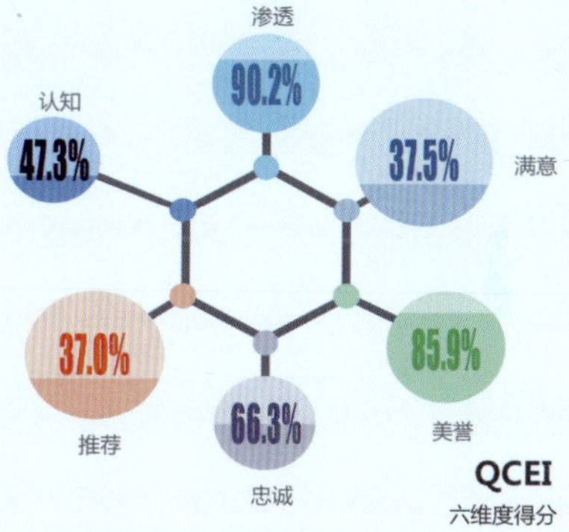

Canon 佳能的 QCEI 指数位居全品类品牌的 top6%，QCEI 和 CNCSI 均高于数码相机品类水平。拥有超过七成的渗透率和超过八成的美誉度，忠诚率接近六成，推荐度超过五成，认知—推荐转化率达到 37%。

兴趣关注：高端上档次、负责任值得信赖的。

考虑因素：功能设计、细节设计等，品质稳定性。

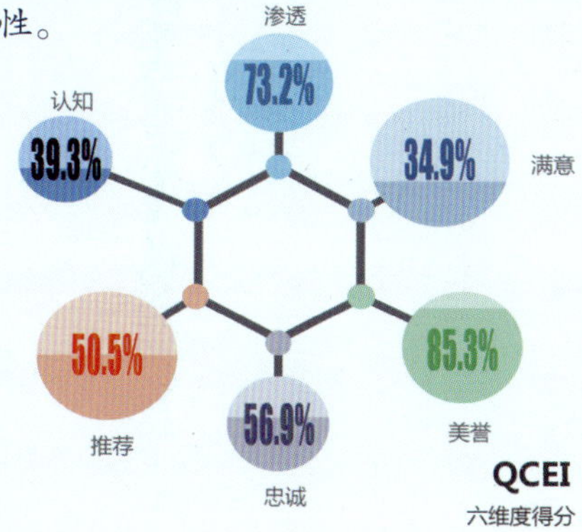

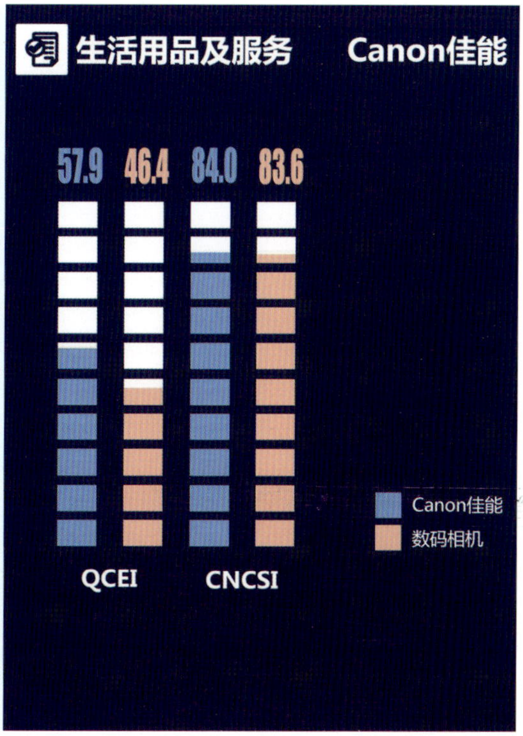

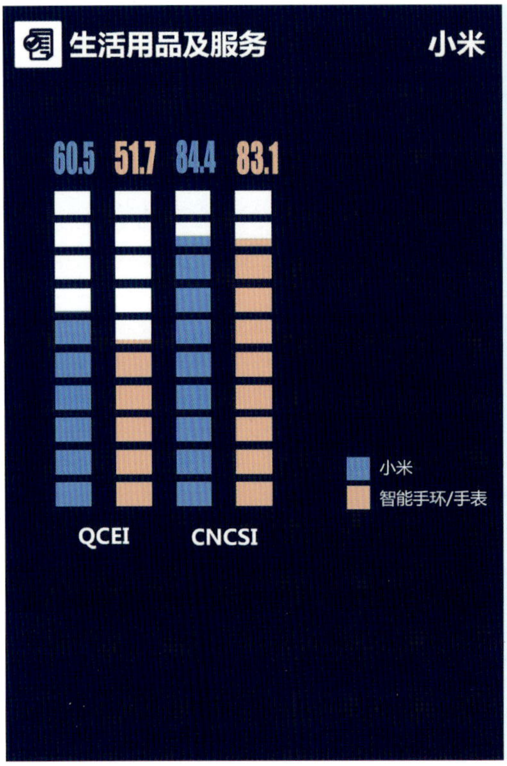

小米的QCEI指数位居全品类品牌的top4%，QCEI和CNCSI均高于智能手环、手表品类水平。拥有超过八成的渗透率和美誉度，忠诚率接近六成，认知—推荐转化率达到38%。

兴趣关注：适合我的生活方式，人性化、贴心的。

考虑因素：功能设计、细节设计等，创新、先进、新颖。

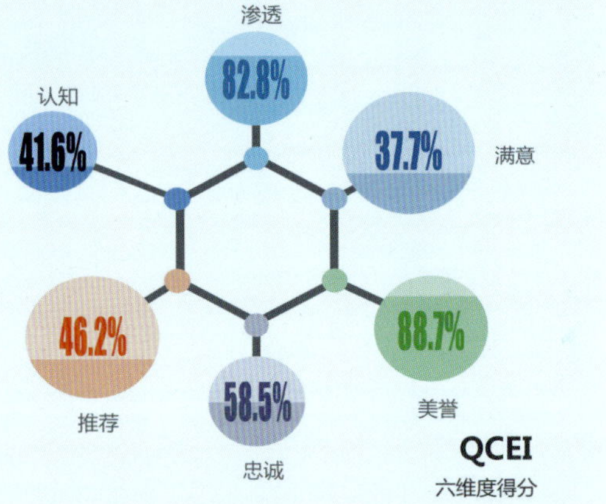

华为的QCEI指数位居全品类品牌的top2%，QCEI和CNCSI均明显高于智能手机品类水平。拥有超过七成的认知率和渗透率，美誉度超过八成，忠诚率和推荐度均超过五成，认知—推荐转化率达到37%。

兴趣关注：安全的，负责任值得信赖的。

考虑因素：品质稳定性，功能设计、细节设计等。

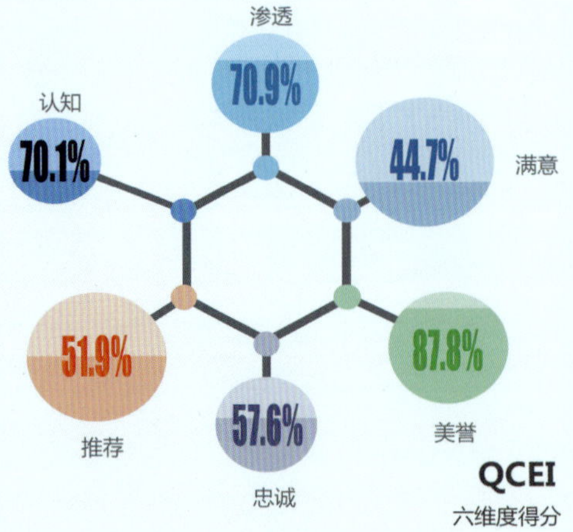

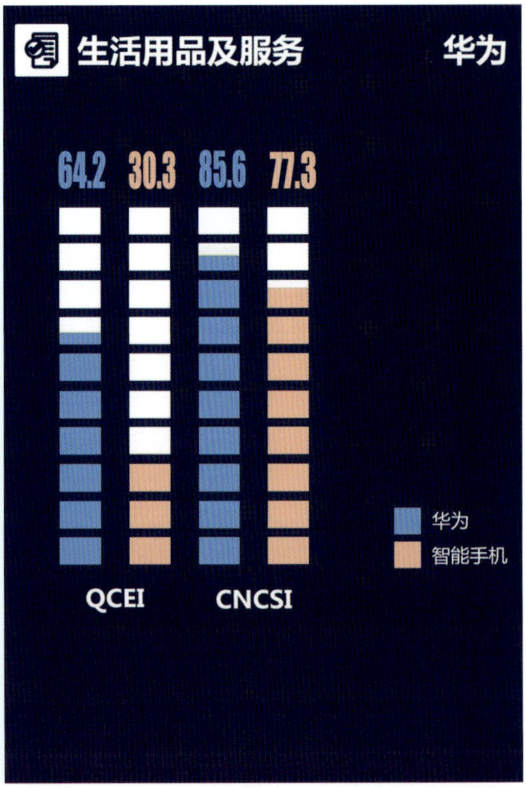

生活用品及服务 PHILIPS飞利浦

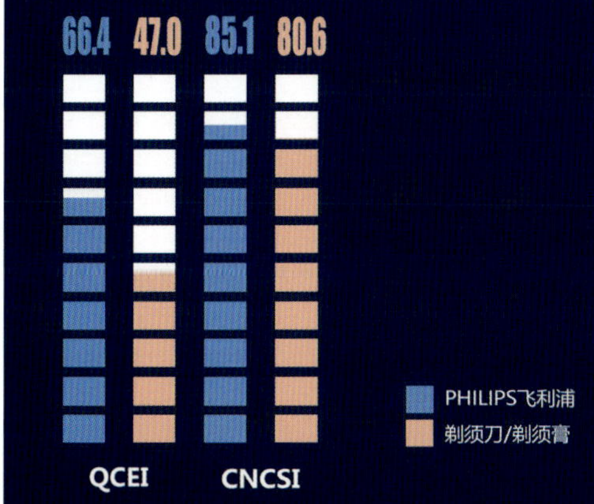

PHILIPS 飞利浦的 QCEI 指数位居全品类品牌的 top2%，QCEI 和 CNCSI 均明显高于剃须刀 / 剃须膏品类水平。拥有超过五成的认知度、超过七成的渗透率和超过九成的美誉度，忠诚率接近七成，认知—推荐转化率达到 31%。

兴趣关注：适合我的生活方式，人性化、贴心的。

考虑因素：功能设计、细节设计等，创新、先进、新颖。

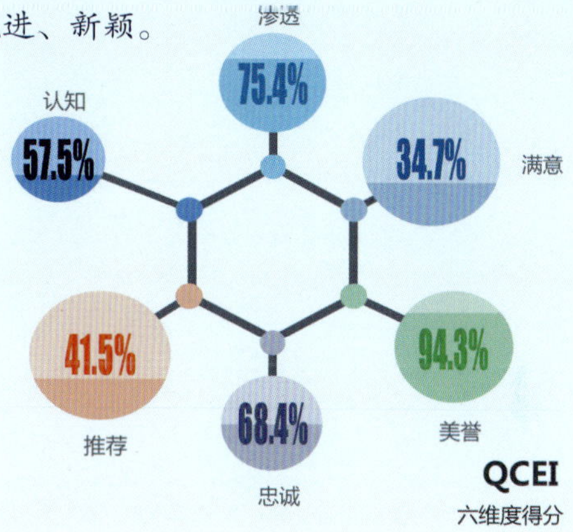

医疗行业：

质量消费体验强势拉动消费支出增长

随着个人收入和生活水平的提高，“吃饱穿暖”的传统消费正在向“健康、教育、文化、娱乐”等新兴消费转移。另据财新 CEIC 数据，近年来，中国无论是城镇医疗保健支出还是农村医疗保健支出，在对应个人消费支出中的占比均逐年升高。

而在技术方面，AI 技术和大数据等新科技驱动医疗产业链的创新。随着技术在我们的环境中扮演越来越重要的角色，AI 和人类的互动越来越多，先进的诊断和治疗手段、创新药创新技术都将引爆更广阔的行业增量空间。

总体上，医疗保健行业质量消费体验指数和满意度指数均高于全行业均值，这与近年来我国良好的宏观环境不无关系。

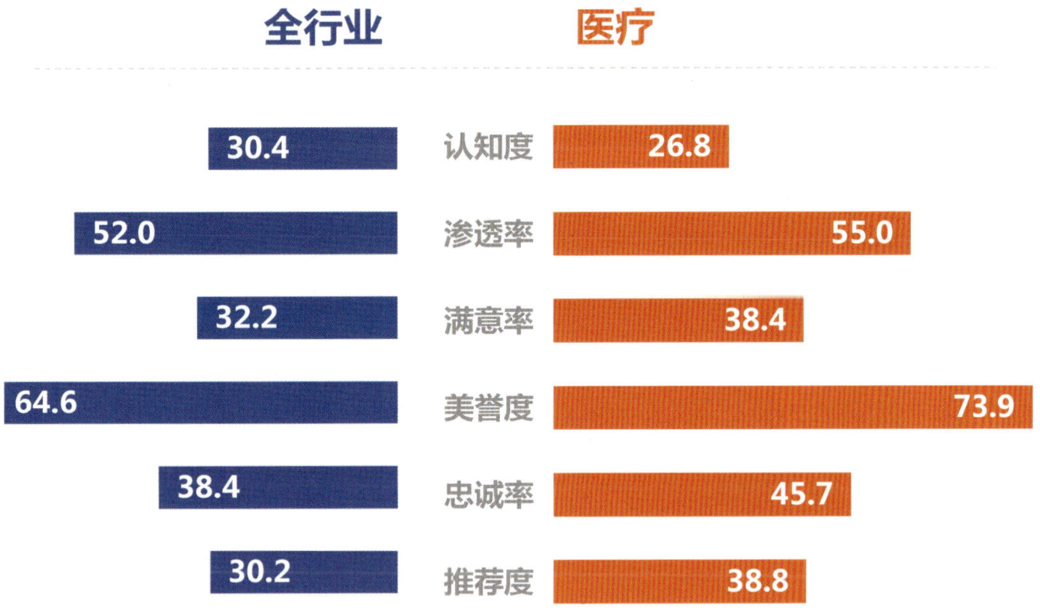

品牌认知度整体偏低，业内不同品牌差异较大，广告效应显著，产品和服务信息不对称性强，高认知度的品牌均拥有强大而广泛的广告投入；渗透率高，知名品牌的市场占有率较高；满意率、忠诚率和推荐度均高于其他子行业，体现了医疗保健行业在消费环节可持续性极强，口碑效应显著，价格敏感度较低。

安全性和品牌责任是医疗行业的底线，与此同时，消费者对医疗行业的人性化、生活化需求与日俱增，许多消费者希望成为更好的医疗保健消费者。特别是，他们希望能够更好地作出决策以满足他们的需求，但大多数人认为他们现在还做不到。

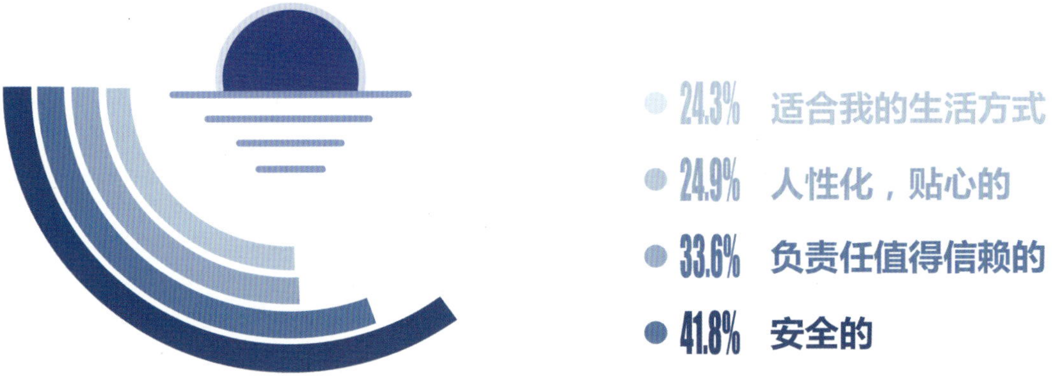

QCEI-top 品牌——医疗行业

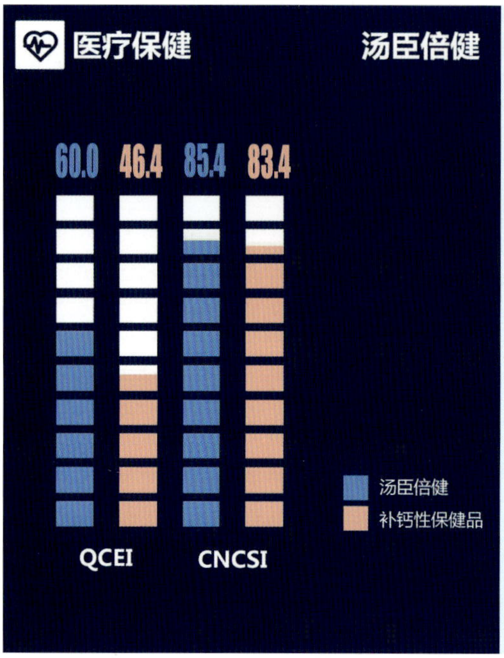

汤臣倍健的 QCEI 指数位居全品类品牌的 top4%，QCEI 和 CNCSI 均明显高于补钙性保健品品类水平。拥有接近八成的美誉度，满意率和推荐度均超过四成，忠诚率超过五成，认知—推荐转化率达到 30%。

兴趣关注：安全的、负责任值得信赖的。

考虑因素：品质承诺、品质稳定性，标准化程度。

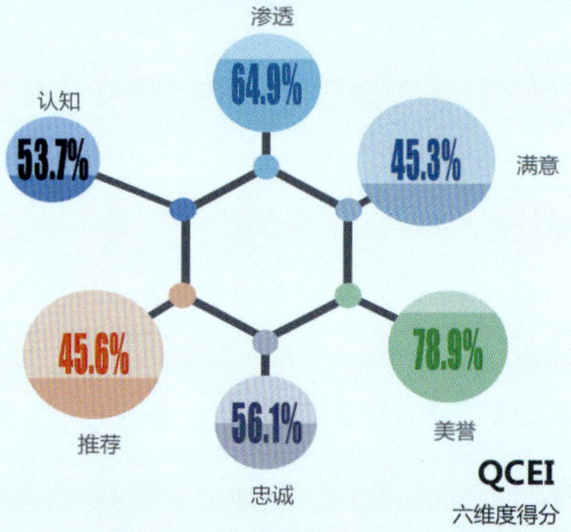

云南白药的 QCEI 指数位居全品类品牌的 top1%，QCEI 和 CNCSI 均明显高于创可贴品类水平。拥有七成的认知度和超九成的渗透率，美誉度高达 95.6%，忠诚率达到 77.3%，满意率和推荐度均超过五成，认知—推荐转化率达到 52%。

兴趣关注：安全的，人性化、贴心的。

考虑因素：品质承诺，性价比。

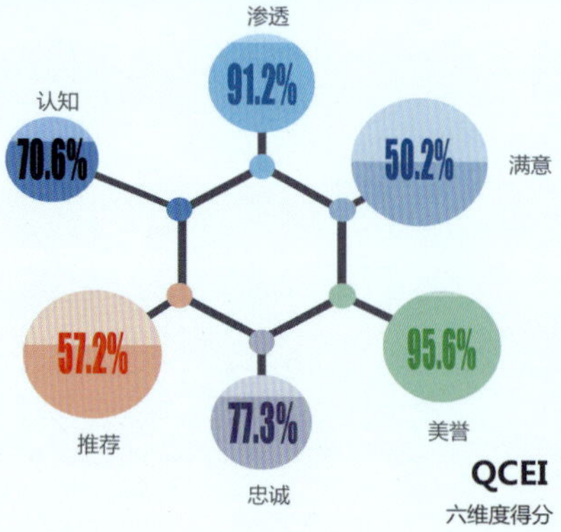

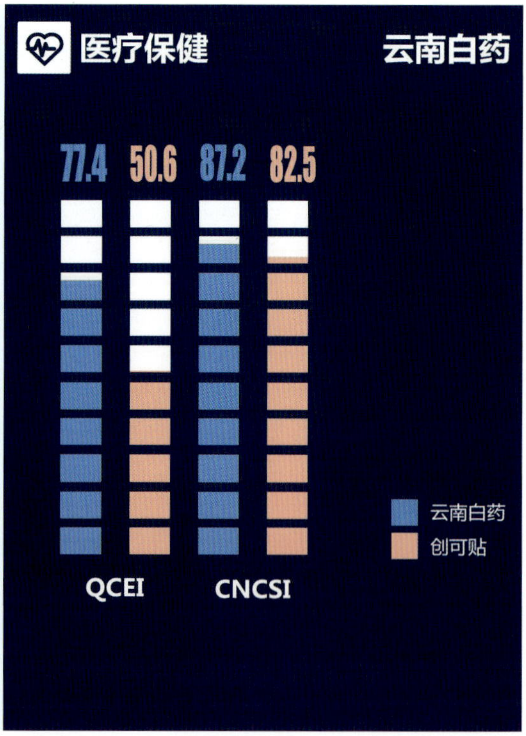

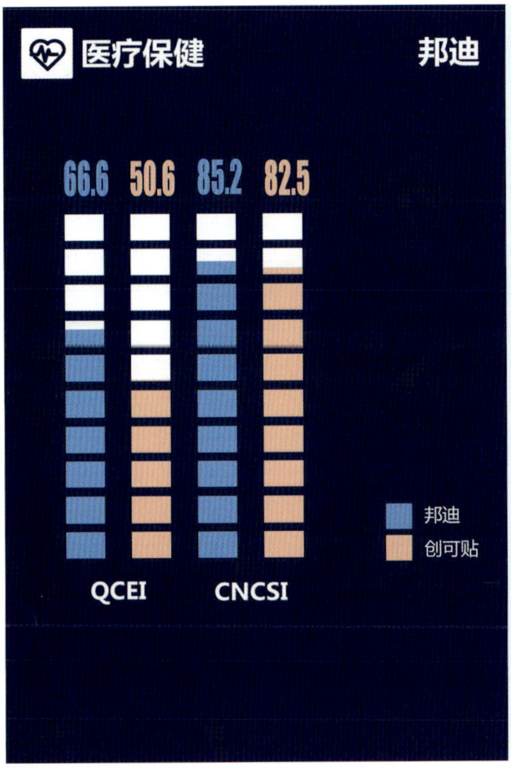

邦迪的 QCEI 指数位居全品类品牌的 top2%，QCEI 和 CNCSI 均明显高于创可贴品类水平。拥有超过六成的认知度、超过八成的渗透率和美誉度，忠诚率超过五成，认知—推荐转化率达到 40%。

兴趣关注：安全的，人性化、贴心的。

考虑因素：品质承诺，性价比。

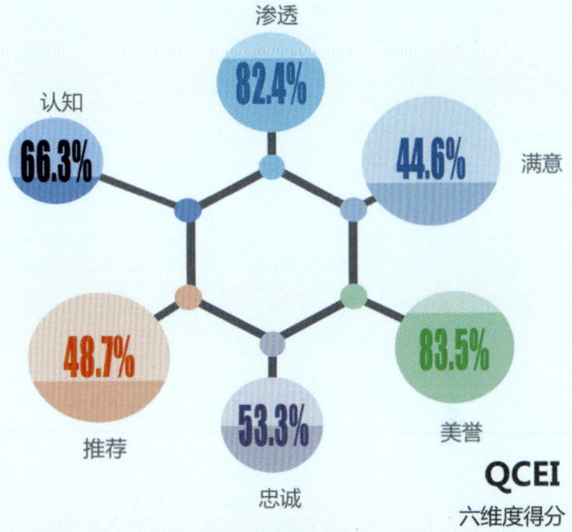

OMRON 欧姆龙的 QCEI 指数位居全品类品牌的 top4%，QCEI 和 CNCSI 均明显高于血压计品类水平。拥有接近九成的美誉度，忠诚率超过六成，推荐度超过五成，认知—推荐转化率达到 41%。

兴趣关注：安全的、负责任值得信赖的。

考虑因素：品质稳定性、保质期、耐用性。

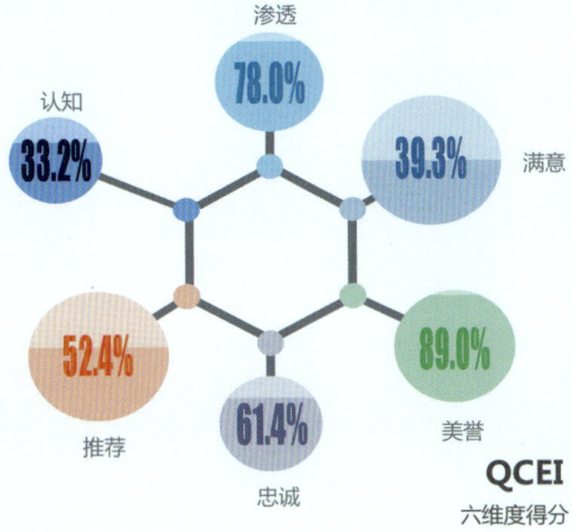

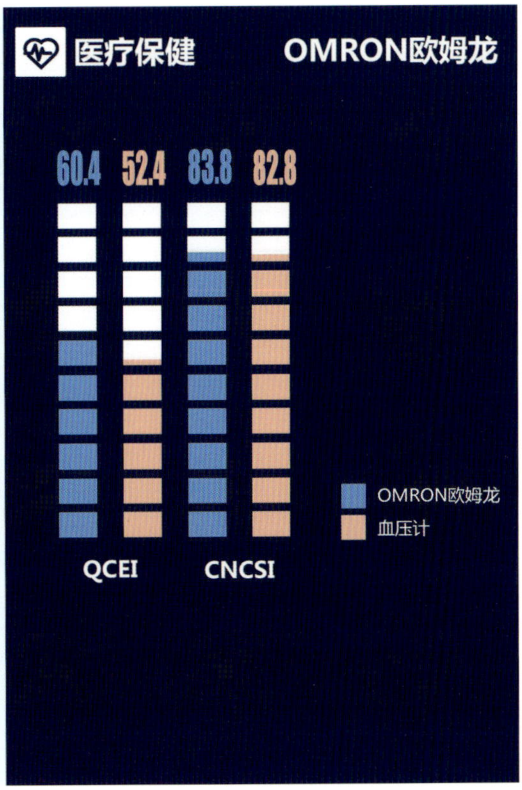

教育文化娱乐：

质量消费体验说到底是以人为中心

2018 年，全国居民人均消费支出中，教育文化娱乐支出 2226 元，同比增长 6.7%，占全部支出的 11.2%。目前，居民教育文化娱乐支出已经成为居民各项支出中仅次于居住、食品烟酒、交通通信的第四大支出，高于医疗保健、衣着、生活用品及服务。然而，教育文化娱乐的质量消费体验并不佳，QCEI 在全行业中排名末位。

2019 年教育文化娱乐涵盖了 7 个子行业，分别为文具、体育用品、电影院、网络社交平台、视频网站、旅游网站、搜索引擎。从不同行业的质量消费体验的结果来看，视频网站的 QCEI 最低，其次是网络社交平台。

但从以上两个行业的具体品牌细分结果看，实际上很多平台的质量消费体验非常好，而这些品牌的集中度非常高，且均具有知名度高的特点。

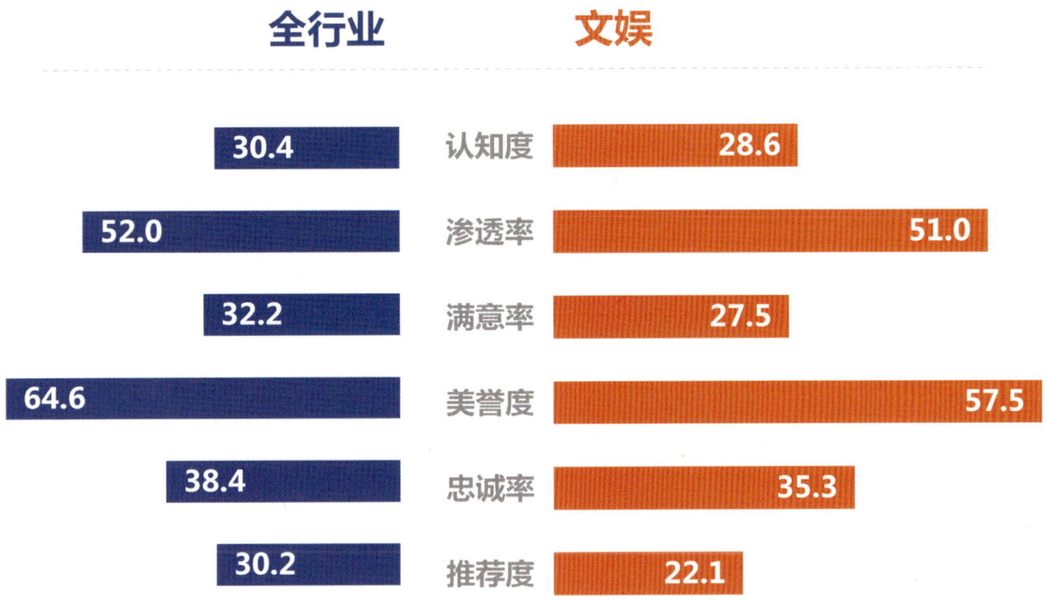

教育文化娱乐行业的消费体验模型各维度均低于行业均值，品牌发展不理想，认知度、满意率、推荐度均不足三成。随着经济的发展和社会进步，人们的休闲消费需求不断增加并且呈现出多样化的特征，消费者对品质的追求从“将就”变为讲究，要求更加苛刻，这也倒逼生产者采用更先进的技术和生产方式。

教育文化娱乐行业与消费者的接触点众多，以人为中心是品牌战略、产品营销、用户经营的主旨。除此之外，与消费者的生活相契合、满足消费者的个性化需求、保持产品服务的不断创新，都是该行业众多品牌未来发展的主要方向。

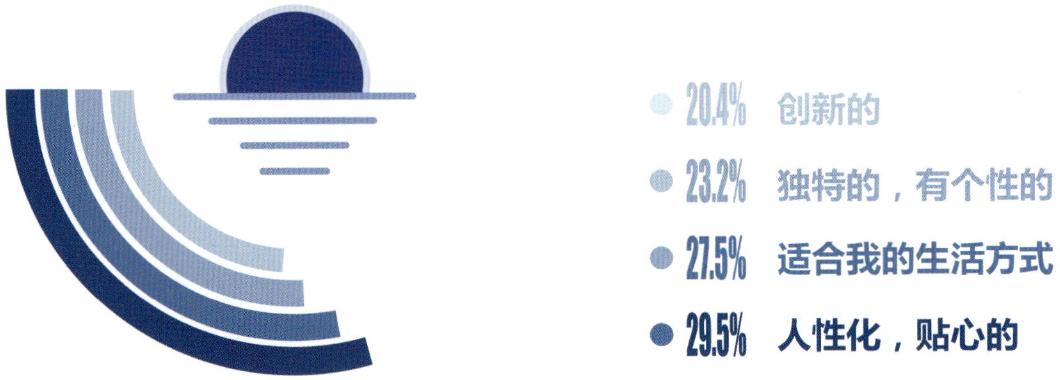

QCEI-top 品牌——文娱行业

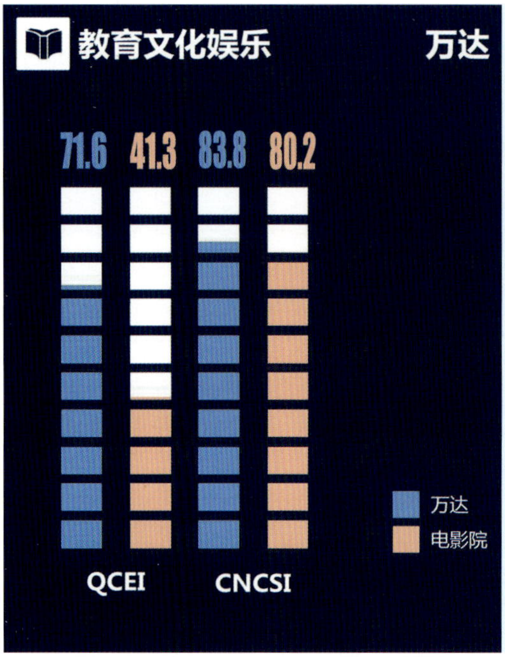

万达的 QCEI 指数位居全品类品牌的 top1%，QCEI 和 CNCSI 均明显高于电影院品类水平。拥有九成以上的渗透率和美誉度，忠诚率接近八成，认知—渗透转化率达到 39%。

兴趣关注：独特的、有个性的、温馨的。

考虑因素：人员服务意识、态度，专业性、可靠性 / 可信性

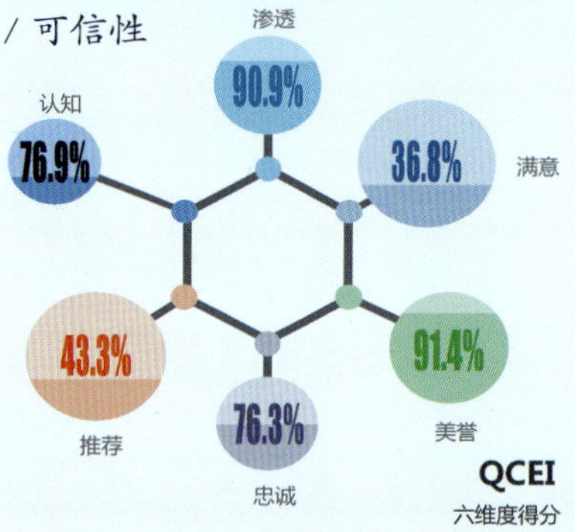

携程的 QCEI 指数位居全品类品牌的 top7%，QCEI 和 CNCS 均高于旅游网站品类水平，拥有近八成的渗透率和美誉度，忠诚率超过六成，认知—推荐转化率达到 31%。

兴趣关注：负责任值得信赖的、人性化、贴心的、安全的。

考虑因素：可靠性、可信性，方便、便捷，人性化。

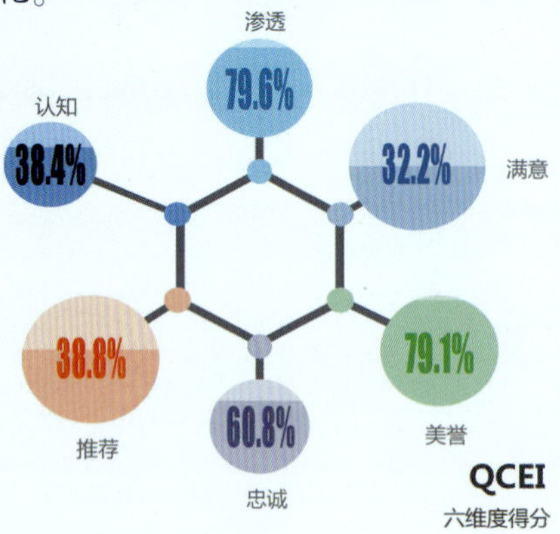

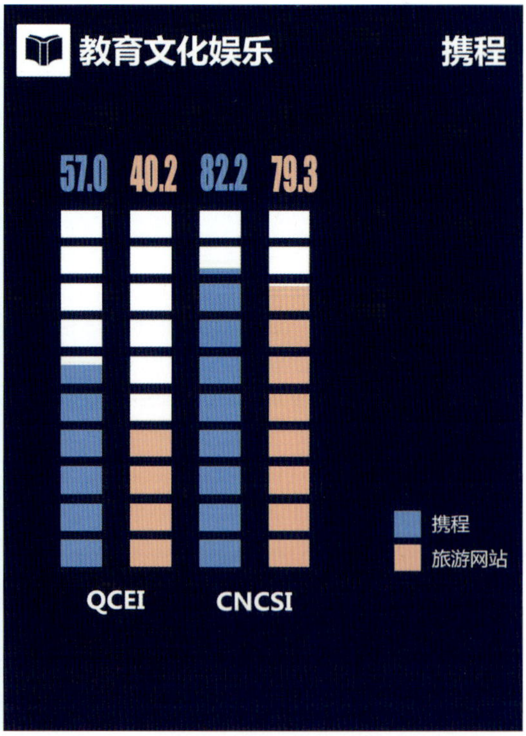

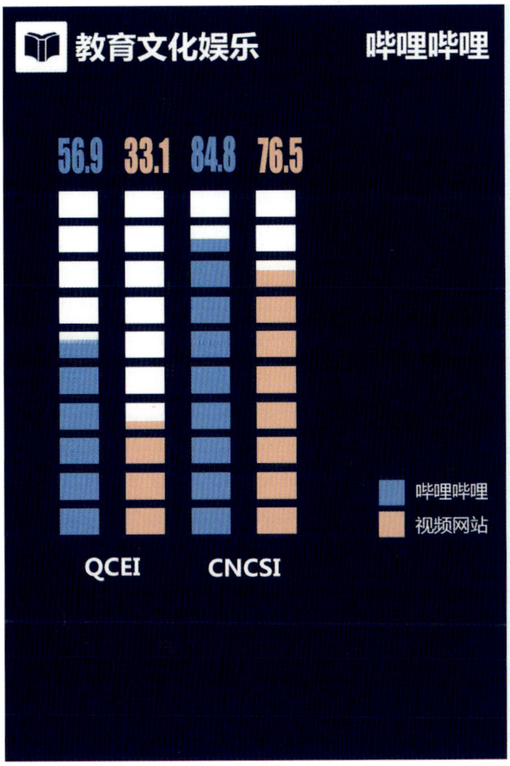

哔哩哔哩的QCEI指数位居全品类品牌的top7%，QCEI和CNCSI均明显高于视频网站品类水平。拥有七成以上的渗透率和近八成的美誉度，满意率、忠诚率、推荐度均超过四成，认知—推荐转化率达到31%。

兴趣关注：适合我的生活方式，人性化、贴心的。

考虑因素：方便、便捷，人性化，可靠性、可信性。

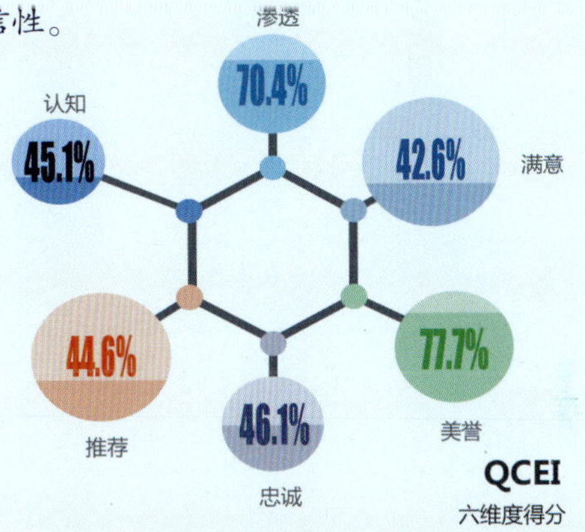

百度搜索的QCEI指数位居全品类品牌的top1%，QCEI和CNCSI均高于搜索引擎品类水平。拥有九成以上的渗透率和美誉度，忠诚率超过八成，认知—推荐转化率达到32%。

兴趣关注：安全的，人性化、贴心的，负责任值得信赖的。

考虑因素：方便、便捷，人性化，速度、效率。

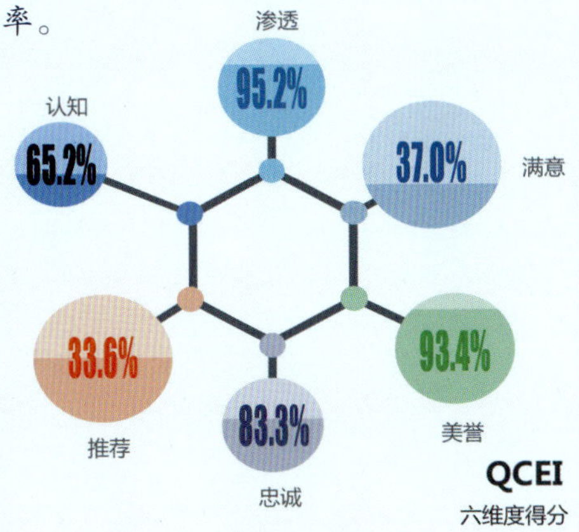

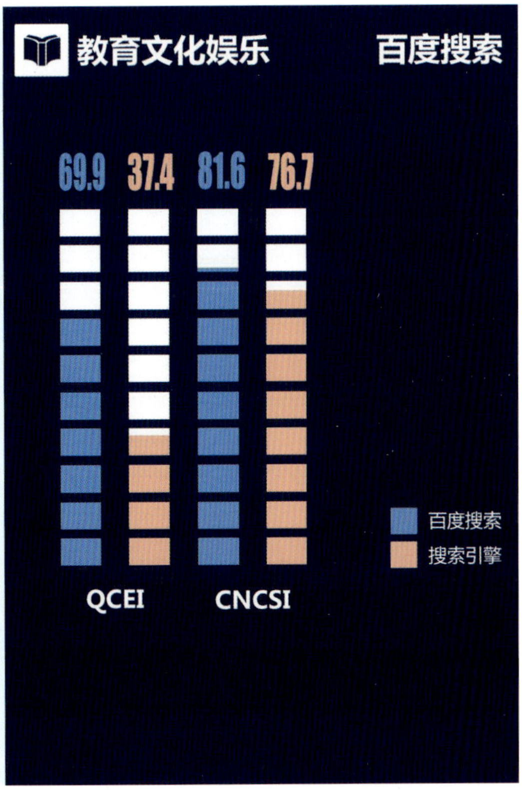

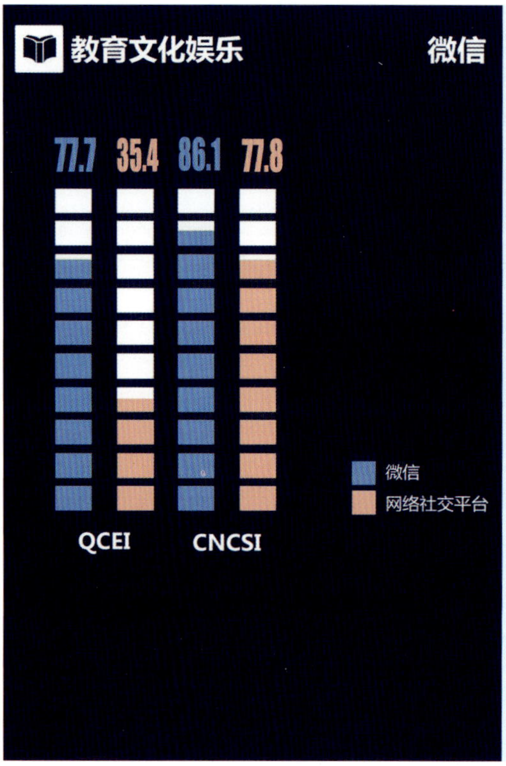

微信的 QCEI 指数位居全品类品牌的 top1%，QCEI 和 CNCSI 均明显高于网络社交平台品类水平。拥有超过八成的认知度、近十成的渗透率和超九成的美誉度，忠诚率接近八成，推荐度超过五成，认知—推荐转化率达到 56%。

兴趣关注：适合我的生活方式、安全的。

考虑因素：方便、便捷，人性化，可靠性、可信性。

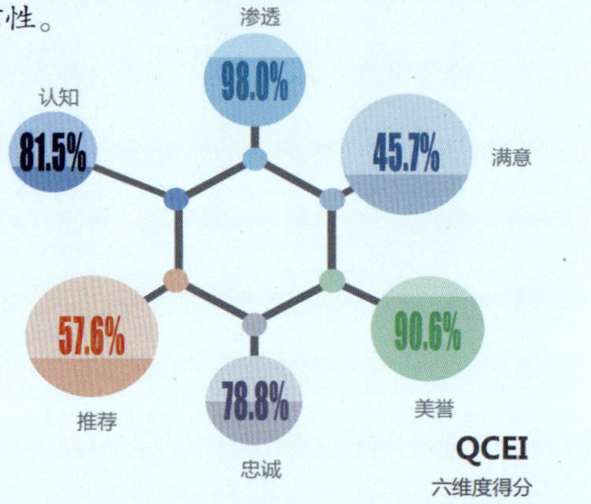

晨光文具的 QCEI 指数位居全品类品牌的 top4%，QCEI 和 CNCSI 均明显高于文具品类水平。拥有九成以上的渗透率和八成以上的美誉度，忠诚率超过五成，认知—推荐转化率达到 40%。

兴趣关注：人性化，贴心的、简约的。

考虑因素：保质期，耐用性、品质稳定性。

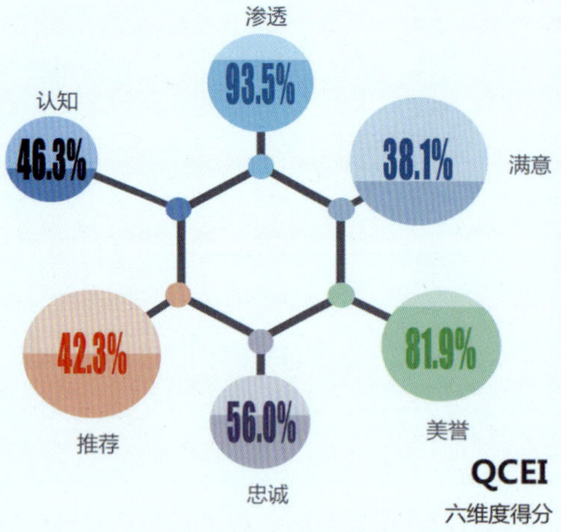

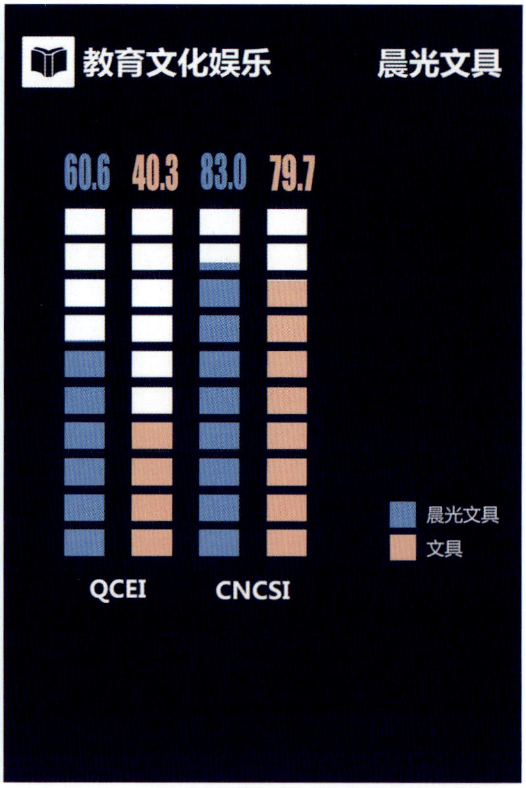

交通通信：

共享、环保、智能打造新出行方式

人的四大刚需分别是衣食住行，第五大刚需便是社交了，交通通信的需求即是社交需求，交通和通信从时间和空间的维度满足了人们的社交需求。

共享、环保、智能是近年来出行领域的关键词，无论是跨境旅行的长距离还是上班路上的最后一公里，都可以直观感受到出行量的增加，人群出行活动的半径和频率都处在一个增加的过程中；与此同时，服务消费增多带来出行目的多样化，要求交通运输体系提供多元差异化的服务；而通信设施的不断完善也在加速社交方式的升级，社交成为互联网应用发展的必备要素，且不再局限于信息传递，开始向沟通交流、商务交易、共享娱乐等方向拓展。

2019 年满意中国研究中，交通通信行业的整体表现与全行业较为接近，QCEI 和 CNCSI 均略高于全行业水平。

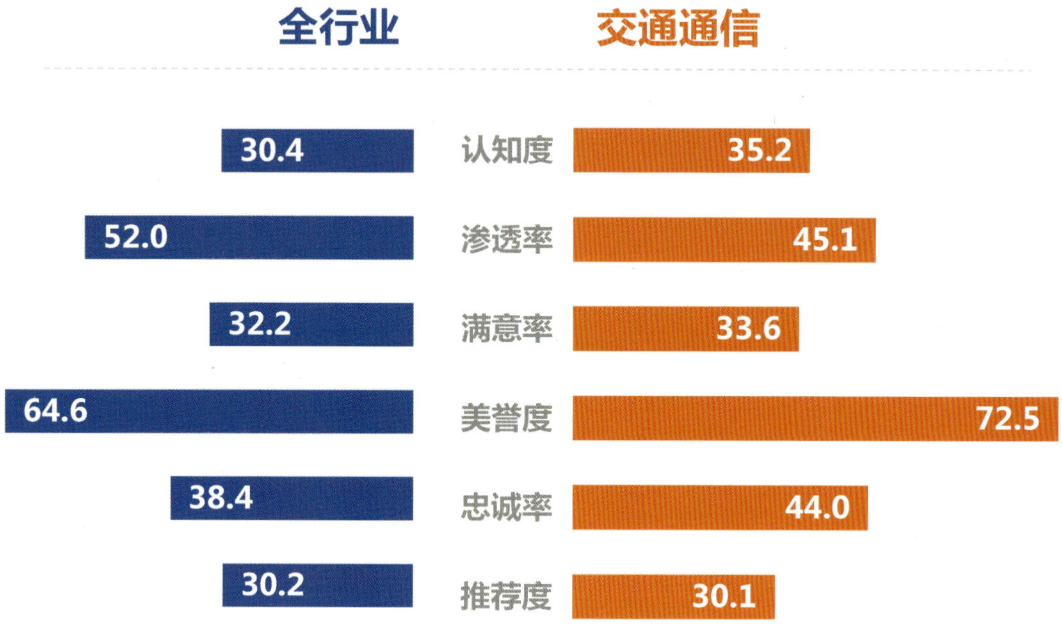

交通通信行业的品牌认知度、美誉度、忠诚率均显著高于行业均值，这些行业的品牌集中度较高，消费者不易转换品牌。交通通信行业是兼具生产性和生活性的服务行业。近年来民航、高铁和小汽车出行量的高速增长，也反映了交通消费对时效性和舒适性的要求不断提高。未来消费升级将进一步体现在交通运输的消费上，对于客运系统主要体现在对舒适性、便捷性和安全性等方面的要求更高，更加重视出行品质，会经过一个从“走得了”向“走得好”再向“走得任性”的过程。

安全依旧是消费者对于交通通信行业最为关注的，而人性化、生活方式、绿色环保已经成为当下消费者对于交通通信行业的个性化需求。

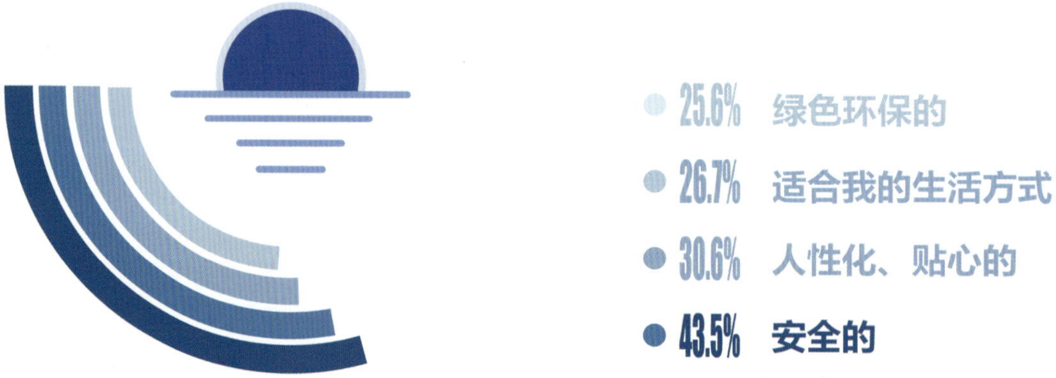

QCEI-top 品牌——交通通信行业

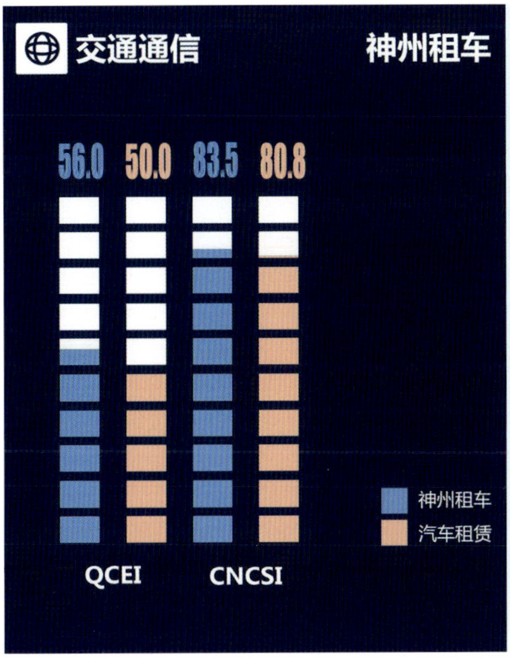

神州租车的 QCEI 指数位居全品类品牌的 top8%，QCEI 和 CNCSI 均明显高于汽车租赁品类水平。拥有近七成的渗透率和超过八成的美誉度，忠诚率超过四成，认知—推荐转化率达到 28%。

兴趣关注：安全的、负责任值得信赖的。

考虑因素：方便、便捷，人性化、可靠性/可信性，速度、效率。

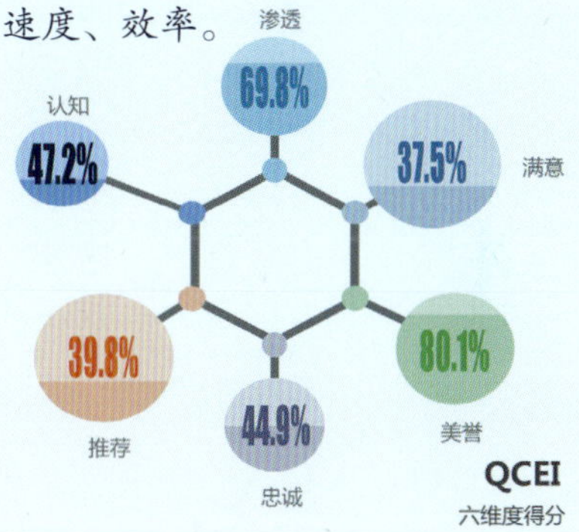

MICHELIN 米其林的 QCEI 指数位居全品类品牌的 top4%，QCEI 和 CNCSI 均明显高于轮胎品类水平。拥有超过四成的认知度和近七成的渗透率，美誉度接近九成，忠诚率、推荐度均超过五成，认知—推荐转化率达到 34%。

兴趣关注：安全的、负责任值得信赖的。

考虑因素：保质期，耐用性、品质稳定性。

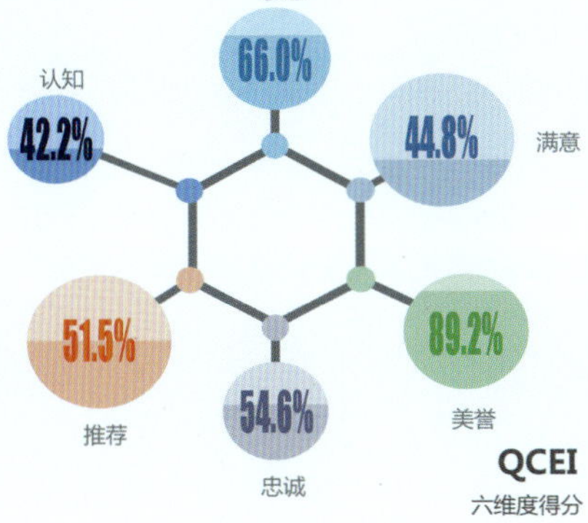

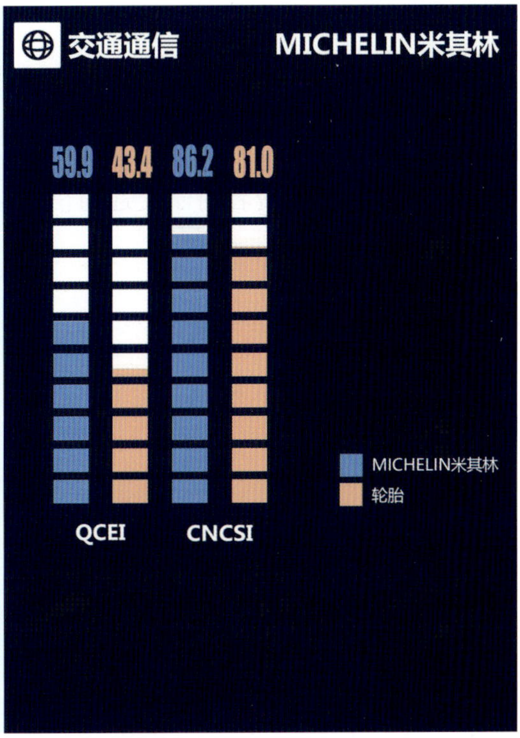

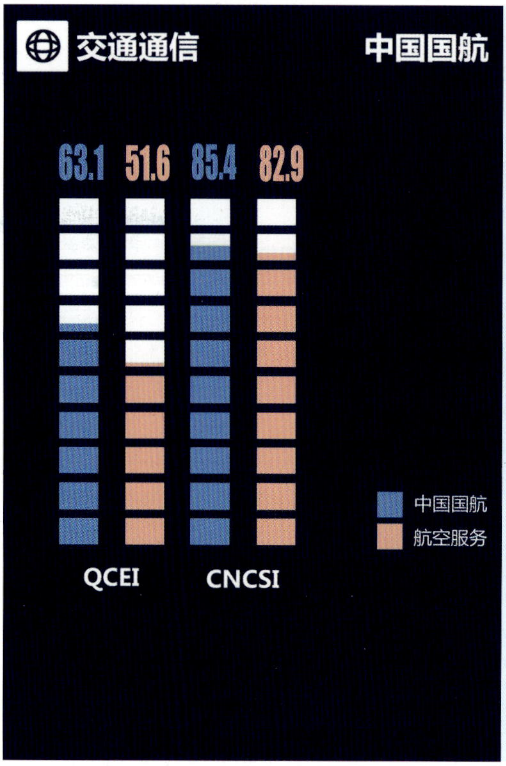

中国国航的 QCEI 指数位居全品类品牌的 top2%，QCEI 和 CNCSI 均明显高于航空服务品类水平。拥有七成左右的认知度和渗透率，美誉度接近八成，满意率、忠诚率、推荐度均超过四成，认知—推荐转化率达到 35%。

兴趣关注：安全的、人性化、贴心的。

考虑因素：可靠性、可信性，方便、便捷，人性化。

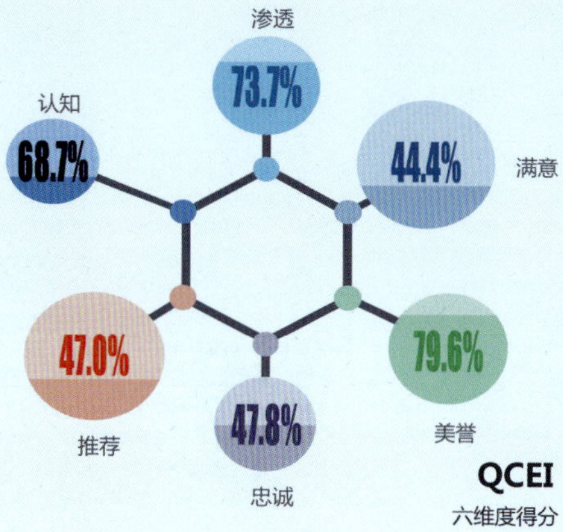

04

用户至上

洞悉自我，回归本真

这是一个权力回归用户的时代，用户的消费心理、消费行为正在变得更自主、更聪明、更高效，分享主义和社群文化不断影响着市场各方，无论品牌、企业还是用户，唯有不忘初心，才能砥砺前行。

小城青年　　**银发族**　　**现象与文化**

小城青年

小城青年：生活悠然自得，却又偶尔迷茫

小城青年是谁

年龄层次：85、90 后，20~35 岁
所属位置：中国三、四、五线城市
家庭结构：单身与父母同住，初步筑巢、初为父母
物质基础：工作不满 10 年，收入有限
生长背景：收入水平提升、物价指数上涨
角色定位：消费的中坚力量

家庭

家庭很重要，结婚生子是必经阶段，越早越好。再苦不能苦孩子，重视子女教育。

工作

收入上升空间小，就业机会有限。要稳定，但也要拼搏，创业热情高。

生活

生活悠闲自在，但也有迷茫；亲朋之间距离近，相聚较多；闲暇时间多，追求个人兴趣爱好。

娱乐

线下打打麻将，线上刷刷抖音，追追剧。自驾游、出境游是生活的调味剂。

小城青年信息获取：不断放大的示范效应

“告诉我怎么选，不如直接告诉我选什么！”

三、四、五线城市消费者信息处理能力有限，更喜欢简单、直接的信息呈现方式，因此周边人、关键意见领袖（KOL）的示范效应被放大，社交平台、短视频成为他们获取信息的重要来源，极大改变了消费者获取消费资讯的方式以及消费方式。

朋友圈、微博、QQ 带动高品质消费资讯的传播。三、四、五线城市规模较小，消费者范围更为集中，因而消费的口碑效应更明显，“朋友用过的更放心”。

抖音、快手、直播，不再以地域作为分隔标准，用户一边娱乐，一边了解别人的生活，还能顺便购购物。

出国留学及海归人口占比提升，这部分人群通过社交软件或回国后的交际行为扩大了示范效应，带动消费向中、高端升级。

如何打动小城青年，获取他们的芳心

Online

选择丰富

线上品类丰富，让消费者有更多选择

价格实惠

线上价格实惠，同样的钱能买更多心水好物

粉丝效应

利用明星、网络红人试用+直播，导向粉丝经济

评论试用

提供线上试用心得、评论平台，给消费者参考

产品	价格	互动	分享

更新及时

参考线上热卖产品进行选品，并及时根据线上爆品更新。

促销实在

尽可能开展多种多样的促销活动，让消费者感受到实实在在的优惠。

现场活动

举办粉丝见面会、现场试用等线下活动，充分调动互动性。

达人试用

参考线上，将店铺会员发展成试用达人，为店铺背书。

Offline

小城青年典型画像——自由客

多为95后，单身或初婚阶段，享受生活，生活没有压力，工作之外皆娱乐，生活比较悠哉。

工作

工作比较稳定自在，很少加班，但上升空间有限。

旅行

单身青年会跟朋友自驾游、周边游，一般在周末；已婚群体跟自己爱人旅游，长假期间。

社交

经常跟朋友聚会、一起游戏、运动，周末常跟朋友打麻将然后一起聚餐。

支出

吃喝玩乐是主要支出，较少有储蓄、理财规划，经常月光。

衣

喜欢潮牌，衣服看重款式，鞋子更重视品牌；护肤选择男性常用的欧莱雅、妮维雅。

食

很少在家做饭，主要在外就餐（父母家或餐厅），但也开始注意健康饮食。

居

尝试扫地机器人、智能音箱等高科技电子产品；自己出国玩会买畅销家电，如日本电饭煲。

行

远距离开车，但也注意环保，选择公交车或骑车。

娱

喜欢朋友聚会，游乐场、KTV、按摩、看电影、运动等；个人时间主要看视频、游戏。

健

会定期体检，开始注意健康、养生，给自己和父母会买保健品。

小城青年典型画像——奋斗族

男性，90后，初为父母；不满足于现状，对工作有追求，努力奋斗更好地服务家庭；兼顾家庭和工作。

工作

会为工作加班，期待升职、提高收入；也会尝试在工作之外创业。

旅行

有孩子前国内国外旅游，有孩子后省内自驾游，频次减少，觉得时间不足。

社交

和朋友聚会相对较少，在一起会探讨工作、家庭生活。

支出

孩子刚出生，养育孩子支出较大；自己和爱人支出减少，为了孩子省钱。

衣

自己的衣服注重品牌和实用性，如GXG、杰克琼斯、海澜之家、劲霸等；孩子衣服会听朋友推荐。

食

在家做饭，也会出外就餐，喜欢亲子类的餐厅，注重健康和口味。

居

在父母帮助下买房，还贷有一定压力；购买实用性的小家电，提高生活品质。

行

日常开轿车或电瓶车，较少坐公交车或骑车，会考虑时间成本。

娱

孩子出生后娱乐活动减少，日常朋友聚会多是吃饭喝酒，主要是社交需要。

教

开始考虑给孩子报早教班，但觉得性价比不高，一年1~2万元，一周2节课，一节课30~40分钟。

小城青年典型画像——居家派

女性，多为85后，孩子上幼儿园，子女教育是家庭重点。比较矛盾，一方面想让孩子快乐成长，一方面又不想孩子落后，想要参与到孩子成长的方方面面。

工作

工作比较清闲，或自己开店做老板，加班少，比较倾向能兼顾家庭的工作。

社交

形成妈妈社交、圈层社交，通过孩子、圈子建立社交圈，彼此三观一致、生活阶层一致。

旅行

周末会带孩子周边游，暑假带孩子国内旅游，增长孩子见闻，寓教于乐。

支出

孩子的兴趣班、补习班是家里的主要支出；时间精力主要在家庭，偶尔也会约上闺蜜逛街、吃饭，放松自己。

衣

自己的衣服不在乎品牌，更在乎舒适；孩子衣服更看重品牌、品质；护肤品追求一线大牌。

食

主要在家吃，很少单独在外就餐，几乎不点外卖，外出就餐依照孩子口味选择。

居

会购买温奶器、榨汁机、烤箱等小家电给孩子做辅食；家电购买考虑品牌、安全性。

行

日常主要开车，有孩子后会倾向于买车或更换家庭用车。

娱

自己单独娱乐的机会减少，主要是家庭娱乐、亲子游，如自驾游、主题游乐场、公园等。

教

会给孩子报兴趣班、补习班；闲暇时会健身、瑜伽、插花、跳舞、烘焙等，一边休闲一边自我提升。

银发族

银发人口不断增长，银发经济显著进步

随着老年人口的不断增加，我国已步入老龄社会。截至 2018 年年底，我国 60 周岁以上老年人口超过 2.4 亿人，占总人口的近两成，已接近“90 后”和“00 后”的总和。如此庞大的老龄群体，将会是我国未来银发经济发展的主要动力。

2012—2018年全国60岁及以上人口数量及比重

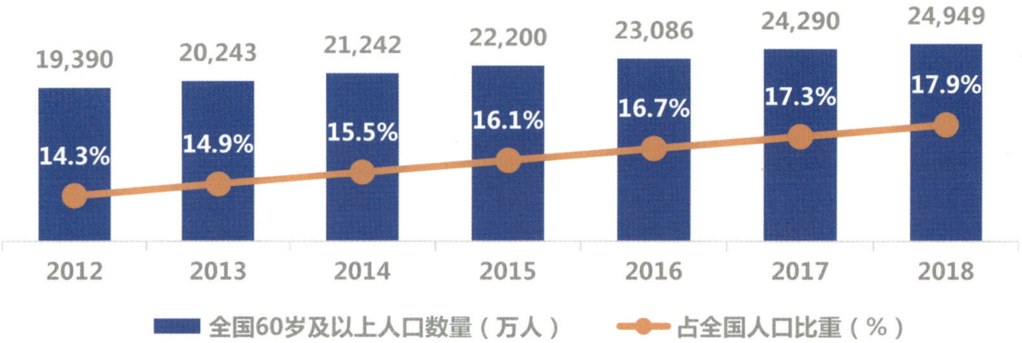

数据来源：网络公开数据。

银发经济是在老龄群体中产生的经济，它由老龄群体消费需求引发并在近几年不断扩张，主要包括老龄金融业、老龄用品业、老龄服务业、老龄房地产业。

目前，我国银发经济已有一定发展。根据普华永道数据，2018年，我国银发经济相关产业规模超过**3.7**万亿元，预计未来老年产品及服务市场将快速增长，2021年总体市场规模将达到**5.7**万亿元。

中国老年产品及服务总体市场规模统计及预测（万亿元）

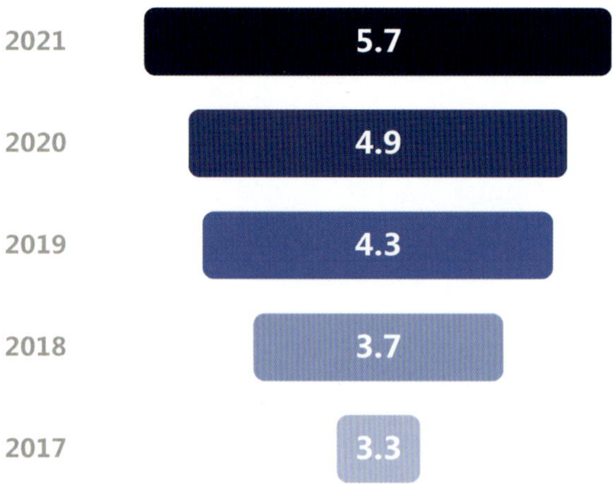

数据来源：网络公开数据。

银发消费：内容紧跟时代，形式丰富多样

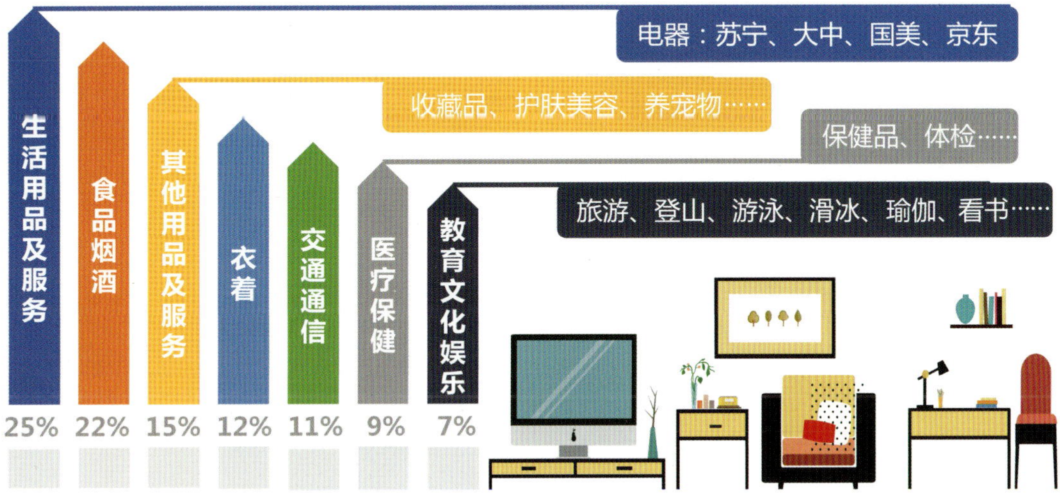

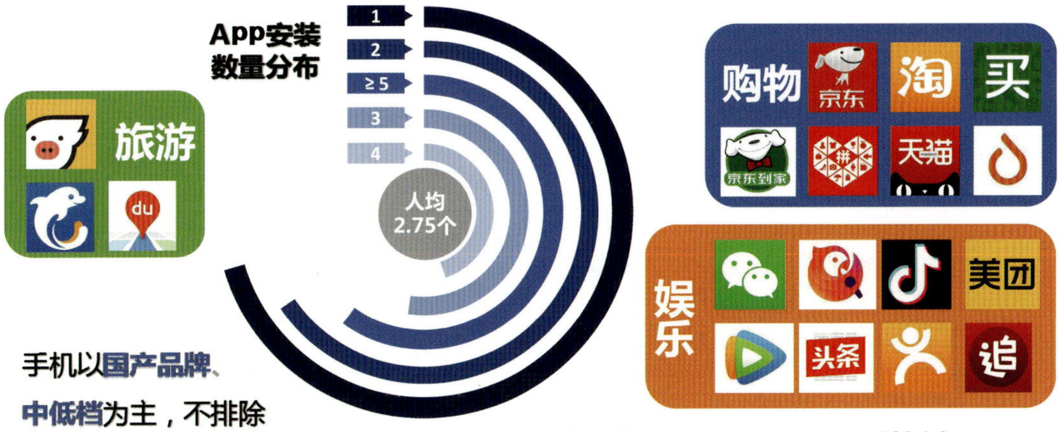

手机以**国产品牌**、**中低档**为主，不排除使用的是儿女淘汰后的手机。

近**四成**的老年消费者有使用**微信**的习惯。

银发消费理性化：从价格优先向质量优先的消费行为转变

银发消费品质化：追求消费品质，享受型消费成潮流

- 除价格和质量外，款式和颜色也成为影响服饰消费的重要因素。
- 网购时会关注用户差评，尤其是跟产品质量相关的差评会影响自己的购物决策。

- 多种渠道了解养生资讯。
- 健康、方便的产品更容易得到银发人群的青睐。
- 生鲜产品会去超市选购，干货会选择网购。

银发消费体验化：重视体验店内服务，追求便利与实用

92%的老人认为店内体验会影响他们的消费决策——

1 消费体验和服务

他们认为：

- 实体店品类比较齐全，有更多挑选的余地。
- 可以通过试穿选择适合自己款式和尺码的衣服。

他们担心：

- 网上图片跟实物不符，出现图片失真、尺码不合适等问题。

2 消费便利性

- 朋友聚餐时喜欢就近消费。
- 实体店售后服务更方便。
- 在购买过程中，他们会看重商家提供方便、良好的购物环境和服务。

银发消费多元化：向高水平、高层次和多元化的方向发展

健身

场所不固定：附近爬山或去健身馆。
方式多样：办游泳年卡，在家看视频，学瑜伽，公园散步。
内容丰富：瑜伽、乒乓球、羽毛球，游泳、滑冰、散步。

旅游

地点不固定：国内外都有。
形式多样：组团或自驾游。
选择自由：结伴而行或自由行。

娱乐

喜欢在手机上看家庭生活和亲情类的小说，偶尔会充值；去KTV或在手机App上唱歌。

养生保健

信息渠道：电视、微信朋友圈、手机App
关注内容：维生素E、中老年奶粉、深海鱼油、蜂胶、钙片、胶原蛋白

其他兴趣爱好

收藏：金银纪念币、邮票、酒。

现象与文化

消费现象——新消费重新定义“美”和“好”

注重时间效果比，
愿意“以收入换取闲暇”，
在单位时间内获得最优体验。

高效便捷

点外卖，高铁出行，找家政阿姨打扫房间，享受到家做饭、美甲、按摩等上门服务……

跟塑料说再见。
健身+轻食，自律才自由。
幸福的基础是健康。

绿色健康

健康不光来自食物，还来自健康的生活方式和生活习惯。参与运动，私人教练专业指导，运动App和可穿戴设备……

理性消费，重视性价比。
悦己主义，以心为本。
精神愉悦，为小确幸买单。

品质舒适

学习提升，旅游出行。偏好一种新型的生活方式，小资或轻奢，简约而不简单……

要颜值，有“美”才更“好”。
智能化，比“我”了解“我”。
科技与艺术的双需求。

智能美学

设计感、科技感逐渐成为消费者满足美好欲望的判断标准……

消费文化——质量消费体验与种草

播种

种草

渠道选得对，种草更对味 —— 关注和认知

熟人口碑

强关系—高信任—分享互惠

制造话题，在你来我往中巩固感情。

KOL/达人

个性展示—个人品牌—认同与追随

获得很强的“身份感”和“代入感”，从而产生价值与情感上的共鸣。

网络平台

兴趣联结—群体归属感—社群经济

在圈子中获得身份认同，共享消费偏好与消费信任。

碎片化+娱乐化

激活观者的猎奇心理，用新鲜好玩的“料”和“梗”抓住注意力。要么有亮点，要么有槽点，形成短平快的戏谑、解构、无厘头、反差萌。

Tips

长草

路漫漫其修远兮，吾将上下而求“你” —— 互动和沟通

产生兴趣并形成互动：内容+场景

试吃、试玩、试用、试穿，送优惠券、送积分，明星互动、体验店……你心动了吗？

建立联系并沟通：圈层+个人IP

不求大而全，但求小而美，在垂直领域深耕，为特定圈层中的人塑造专属的存在感和归属感。

拔草

随时随地随意消费，创新、体验与价格同样重要 —— 决策和购买

时间无限，随时满足

在任意碎片化时间购物，甚至购买时间。

空间无界，走到哪买到哪

无论身在何处，随时随地都可购买。

场景无尽，看到即可买

平台功能生态化，娱乐消费两不误。

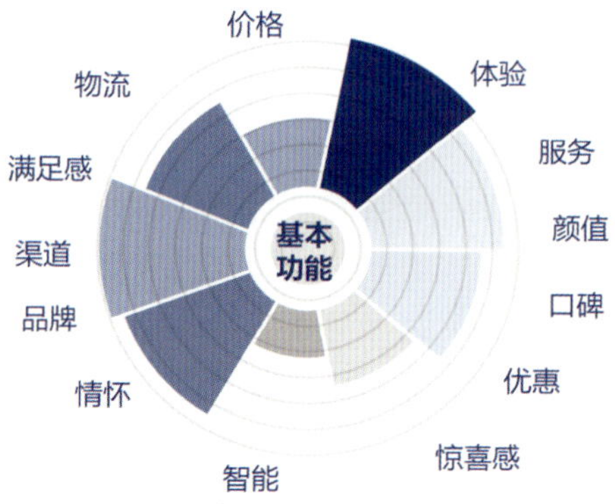

“故宫最近火起来了，可能成为一个品牌了，跟其他好多品牌有联动，不仅有联动，自己也出商品、化妆品。我感觉它复兴的是中国文化，还有古文物。”
“我觉得外星人电脑，是电脑里科技领先者，虽然说价格贵，但用5年不过时。那个配置特别好，特别炫。我特别喜欢外星人那个一打开，而且那个屏都是各种亮光点。”

养草

让我难忘，让我美好，我要为你代言 —— 忠诚与分享

视觉冲击

具有视觉冲击力的品牌，在瞬间吸引人的眼球，抓住人的心，打动其情感，使之产生共鸣，留下深刻的印象。

情绪调动

可以是一个故事，一次贴心的服务，慈善公益、怀旧的情怀……从而产生愉悦感、自豪感、依赖感。

全方位生态

需要的不再是单一的产品，
而是一种生活方式，
一个满足全方位需求的生态圈。

“戴森的吸尘器，它的外观科技感特别强，吸力也大。当时看上外观了，很有设计感，美国的大品牌。”
“NOME设计感更强一点，价格略比名创优品贵，但是我觉得物有所值。店面风格是白绿的，特别简洁、漂亮，高端大气。”

05

调研背景

乘风破浪，扬帆起航

调研和受访者

本年度的满意中国调研中，全国共有 28340 位消费者参与质量消费体验的研究，我们通过拦截访问、互联网定向投放调查、预约深访等方式获取他们的消费心理、行为和评价，并形成本书中的洞察观点。

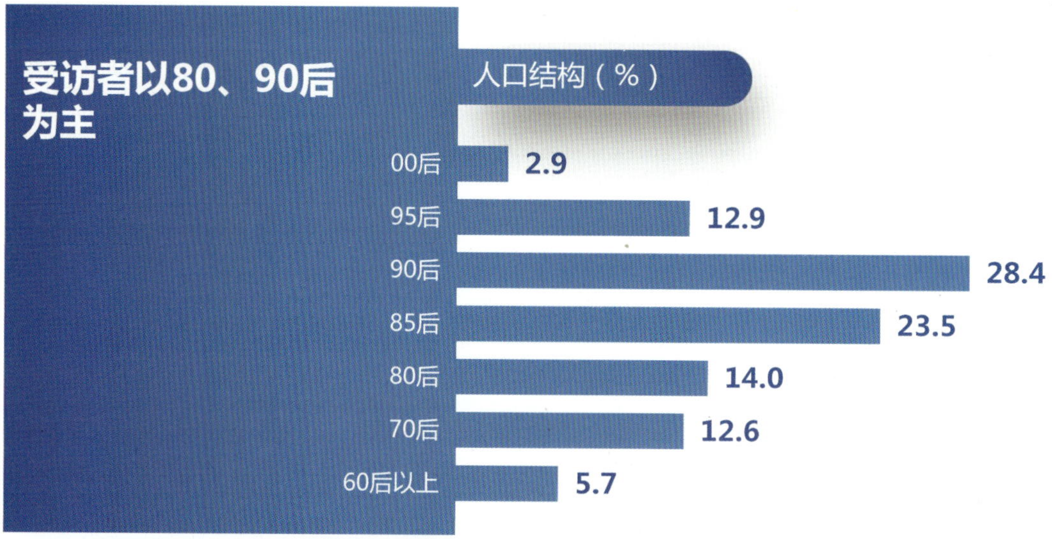

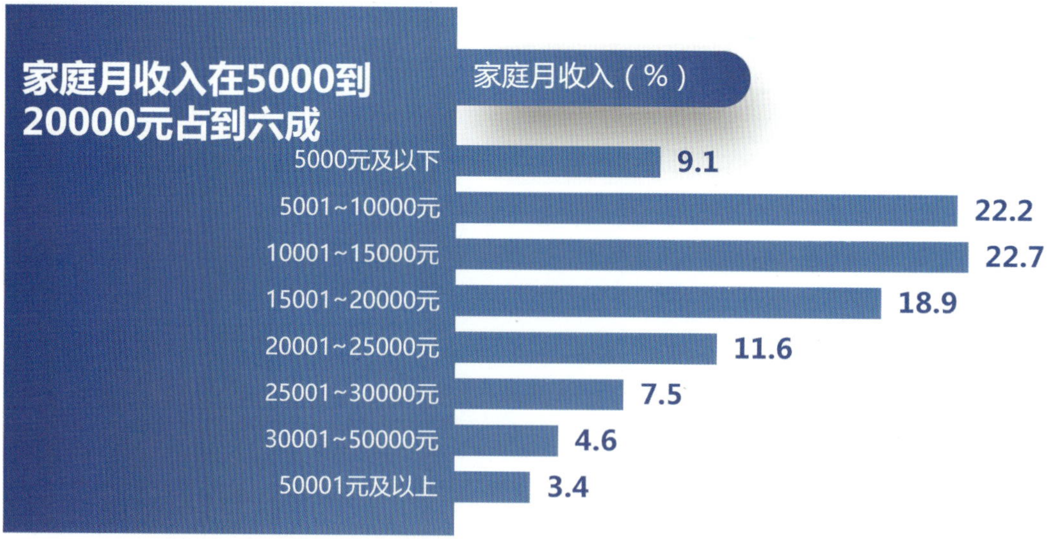

来自不同经济发展阶段城市

半数以上处在家庭满员期

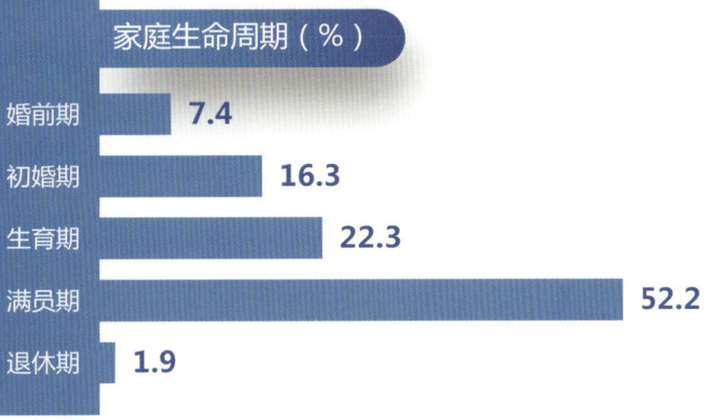

接近九成被访者拥有全职工作

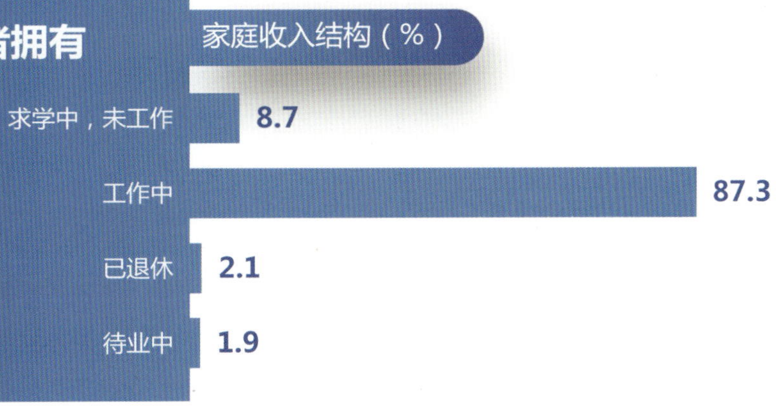

图书在版编目（CIP）数据

满意中国：用户视角下的质量与品牌. 2019 / 中国质量协会编著. —北京：中国社会出版社，2019. 12

ISBN 978－7－5087－6274－6

Ⅰ. ①满…　Ⅱ. ①中…　Ⅲ. ①质量管理—研究—中国
Ⅳ. ①F279. 23

中国版本图书馆 CIP 数据核字（2019）第 293212 号

书　　名：满意中国：用户视角下的质量与品牌 · 2019
编　　著：中国质量协会

出 版 人：浦善新
终 审 人：李　浩
责任编辑：朱永玲

出版发行：中国社会出版社　邮政编码：100032
通联方式：北京市西城区二龙路甲 33 号
电　　话：编辑室：（010）58124829
邮购部：（010）58124829
销售部：（010）58124845
传　真：（010）58124829
网　　址：www. shcbs. com. cn
shcbs. mca. gov. cn
经　　销：各地新华书店

中国社会出版社天猫旗舰店

印刷装订：中国电影出版社印刷厂
开　　本：185mm×260mm　1/16
印　　张：7. 25
字　　数：120 千字
版　　次：2020 年 1 月第 1 版
印　　次：2020 年 1 月第 1 次印刷
定　　价：80. 00 元

中国社会出版社微信公众号